여래(如來)의 마음!

땅설법지화(紙花)

인사말

성불하십시오.

소승은 도록에 실린 지화를 제작한 다여(茶如)라고 합니다.

안정사에서 전승되고있는 땅설법과 영산작법(靈山作法)·화엄성주대재(華嚴聖主大齋)·제석천왕재(帝釋天王齋)·화엄칠성대재(華嚴七星大齋) 등의 의례에서 전승해 온 불교지화를 정리하여, 도록으로 발간하게 되어 감회가 새롭습니다. 도록이 발간될 수 있도록 원호해 주신 여러분께 감사를 드립니다.

소승은 지화를 연구하는 연구자가 아닙니다. 지화 제작을 업으로 하는 사람도 아닙니다. 다만 스승이신 무명(無明) 스님과 대법(大法) 스님의 지도하에 어려서부터 안정사에서 보고 배우며 만들어 온 지화를 현재에도 이어가고 있습니다. 안정사에서는 의례의 성격과 경전 내용에 부응하는 지화를 만들어 불단을 장엄하고, 땅설법을 할 때면 다양한 꽃을 통해 부처님의 법을 전합니다.

부처님의 가르침을 전하는 방법으로는 언어도 있고, 문자도 있으며, 바라춤·나비춤·법고춤과 같은 몸짓도 있습니다. 여기에 덧붙여 꽃으로 표현하여 전하는 방법이 있습니다. 따라서 법회장에 설단 장엄한 꽃을 보면서, 부처님의 가르침을 느끼고 이해할 수 있도록 꽃을 만듭니다.

부처님의 가르침을 담지 않은 채 '아름답다, 화려하다'는 오감의 만족에 머무는 종이꽃은 그냥 '지화'입니다. 오감의 만족을 넘어 부처님의 가르침을 종이꽃으로 표현하고 진설한 것을 '지화장엄(紙花莊嚴)'이라고 합니다.

부처님의 가르침을 기록한 것이 경전이라면, 부처님의 마음을 전하는 것이 지화장엄이라 생각합니다. 따라서 지화는 성스러운 대상으로, 정성을 다해 조성하고 고귀하게 다루어야 합니다.

부처님의 마음을 담은 지화를 조성하려면 부처님의 말씀인 경(經)을 먼저 배워야 합니다. 형형색색으로 꾸민 종이꽃이 아무리 아름다워도, 부처님의 가르침을 담지 않았다면 불전 '장엄'이 될 수 없다시던 어른 스님들의 가르침이 새롭습니다.

어른들께서 훼멸되지 않고 이어가길 바라셨던 가치인 '지화 장엄'! 이 땅에 이러한 지화문화의 전통이 있었다는 사실을 기억하는 계기가 되길 소망합니다.

불교지화는 다른 문화와 마찬가지로 지역, 시대, 전승 주체에 따른 특징을 지니고 있어서 때로는 같거나 비슷하게, 때로는 다른 모습을 지니게 마련입니다. 전승되는 지화 수의 많고 적음이나, 화려함 · 소박함 등이 가치 기준이 될 수 없습니다. 나름의 정체성을 가지고 의미 있게 전승되는 지화는 모두가 소중합니다.

안정사에는 80여 가지 이상의 지화가 전승되고 있습니다. 이에 비추어보면, 오늘날 많은 불교지화가 잊히고 전승이 단절된 듯합니다. 도록을 통해 그러한 지화들이 기억되길 바랍니다.

도록에 실린 지화의 정렬 기준은 다음과 같습니다.

첫째, 경전의 가르침을 나타내는 지화 : 불단
둘째, 신앙의 대상을 나타내는 지화 : 각단
셋째, 공양물로 올리는 지화
넷째, 기도 발원을 위한 지화
다섯째, 축상(祝上)의 의미를 지닌 지화
여섯째, 공간 꾸밈을 위한 지화

이외에 화반(華鬘), 용선(龍船), 보산개(寶傘蓋), 번가사(幡袈裟), 전산(錢傘), 당(幢)을 비롯한 기타 장엄물과 누락된 일부 지화는 다음에 소개하도록 하겠습니다.

대발해국(大渤海國) 강통(講統)의 법맥을 이어 오시고 소승에게 땅설법과 지화를 전수해 주신 대발해국상경강통석정문(大渤海國上京講統釋貞門) 해룡당(海龍堂) 무명(無明) 스님!
남조(南調) 땅설법과 더불어 지화 제작법을 전수해 주신 대법(大法) 스님!
유점사에서 남하하시어 지화 등 불교의례를 전승해 주신 운성(雲省) 스님 등
여러 어른 스님들께 감사드리며 은혜를 기립니다.

도록을 만드는데 보시해 주시고 동참 원호해 주신 여러분들께 불보살님의 가피가 함께 하시길 기도드립니다.

감사합니다.
성불하십시오.

불기 2568년 갑진년 양력 8월 1일

비성(飛聲) 다여(茶如) 합장

뻘 속에서 찾아낸 진주, 다여스님 지화

꽃은 부처님의 공덕을 기리고 그 공덕을 함께 하기를 기원하는 육법공양 가운데 하나다. 불교에서 꽃을 공양하는 유래는 부처님 일대기인《팔상록》에서 찾아볼 수 있다. 부처님에게 꽃을 공양하는 배경에는 진리를 향한 마음과 부처에 대한 예경의 의미를 가지고 있다.

불경에는 부처님과 관련하여 꽃이 많이 등장한다. 불보살이 머무르는 곳은 흔히 칠보와 꽃으로 장엄된다. 《화엄경》〈세주묘엄품〉에 보면 부처가 정각을 이루었을 때의 장면 묘사에서 여러 가지 꽃으로 장엄하고 있다. 《법화경》〈서품〉에도 부처가 설법하는 장소에 하늘에서 꽃비가 내리는 모습을 묘사한다. 이처럼 꽃은 부처님 공덕을 기리고 깨달음의 세계인 극락정토를 상징하는 의미가 깃들어 있다.

꽃 공양은 생화를 사용하기도 하고 지화를 사용하기도 한다. 초기 인도에서는 생화를 사용했던 것으로 추정된다. 지금도 동남아 사원에 가면 생화를 불단에 공양한 모습을 볼 수 있다. 그러나 겨울철 생화를 구하기 어려운 중국이나 우리나라에서는 지화를 사용한 것으로 추정된다. 또한, 꽃도 생명체이므로 생명존중의 사상에서 생화를 사용하기보다 조화를 사용했다는 주장도 있다.

지화는 일종의 조화로서 종이로 만든 꽃이다. 자연에 있는 꽃을 모방하여 조화를 만들어 사용하게 되었다. 우리나라에서도 신라 경덕왕(760) 때 월명사라는 스님이 꽃을 뿌리며 '산화공덕가'를 지어서 불렀다는 기록이 있는 것으로 미루어, 지화는 그 역사가 오래되었음을 알 수 있다. 불교뿐 아니라 고려시대와 조선시대를 거치며 지화는 궁중에서도 큰 잔치에 사용되었다. 불교에서 사용한 지화의 모습은 감로탱화에 잘 묘사되어 있다. 불교 지화는 민간이나 무속에도 영향을 미쳐 사용되었는데 민간에서 회갑연이나 상여 등에 사용하는 지화는 맥이 끊어졌고, 무속에서는 아직도 지화가 사용되고 있다.

오늘날 지화가 가장 활발히 사용되는 곳은 불교다. 불교지화는 평상시 불단을 장엄하거나, 수륙재 등 여러 재에서 사용한다. 수륙재를 묘사한 것으로 보이는 감로탱에는 불단장엄이 잘 표현되어 있고, 거기에 지화 장엄이 보인다.

현재 불단 장엄에 쓰이는 지화는 상단, 중단, 하단을 구분해서 꽃의 종류를 달리하여 사용한다. 꽃의 종류는 주로 모란, 작약, 연꽃, 다알리아, 국화 등이다. 이밖에 불두화, 수국, 운화, 싸리꽃, 장미 등 개개인이 몇 종류의 꽃을 더 만들어 사용하기도 한다. 그렇더라도 10종류 내외의 꽃을 벗어나지 않는다.

그런데 다여 스님은 무려 80여 종의 꽃을 재현하고 있다. 경전에 나오는 꽃을 보면 생화를 말하기도 하지만, 때로는 상상의 꽃을 묘사하기도 한다. 다여스님은 특히 경전에 보이는 상상의 꽃을 전승해 왔다는 점에 의의가 있다. 스님의 말에 따르면 어른 스님들에게서 배웠다 하므로 경전에 나오는 상상화가 전승되어 왔던 것으로 여겨진다.

다여스님은 지화를 구분하여 1. 경전의 가르침을 표상하여 상단에 설단하는 지화. 2. 신앙의 대상을 상징하여 설단하는 지화. 3. 공양물로 올리는 지화. 4. 기도발원의 지화. 5. 축상 의미의 지화 6. 법회 장엄의 지화 7. 공간 꾸밈의 지화로 나누고 있다.

이러한 구분은 좀 더 체계적으로 정리하여 분류할 필요가 있다고 보여 진다. 중요한 것은 80여 종의 꽃이 저마다 의미를 담고 있다는 점이다. 현재 지화 장인들이 접는 꽃은 10여 종 내외인 데 비해서 그 수효가 많다는 점도 있지만, 꽃 하나하나에 의미를 담아서 지화를 접는다는데 주목할 필요가 있다.

다여 스님은 세상에서 이미 단절된 것으로 알려진 땅설법을 오롯이 전승하고 있는 인간문화재로서 그 위상을 말할 것도 없다. 안타까운 점은 우리의 문화유산일 뿐만 아니라 인류의 중요한 문화유산인 땅설법을 전승해야 하는데 그 시간이 많지 않다는 사실이다. 그 가치를 인정하고 전승하기 위해서 다여스님 개인의 사정으로는 어려우니 국가가 나서서 하루빨리 국가 중요 문화유산으로 지정하고 보호에 적극적으로 나서야 한다는 점을 강조하고 싶다. 지화의 경우는 전승하는 방법 절차가 땅설법과 달리 어렵지 않으므로 하루라도 빨리 전승의 틀이 마련되기를 기원한다.

한양대학교 명예교수
조계송성보분화재위원
서울시무형문화재위원장   김 용 덕

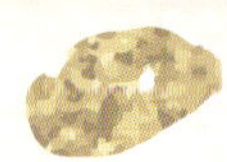

목 차

01 | 경전의 가르침을 나타내는 지화 : 상단

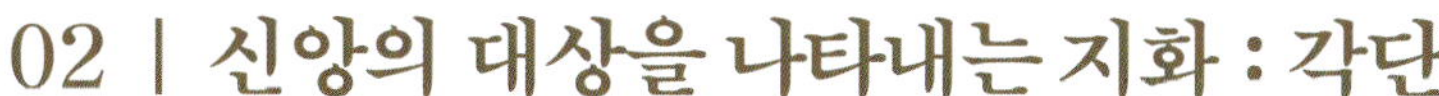

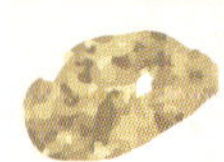

안정사 불교지화와 땅설법

1. 땅설법의 의미와 유래

안정사에서는 다양한 불교의례를 봉행할 때마다 지화를 조성하고 있으며, 의례의 성격에 따라 땅설법을 하고 있습니다. 특히 땅설법에서 지화의 쓰임새가 더욱 다채로워서, 땅설법에 대한 설명이 필요할 것 같습니다.

'땅설법'이란 부처님께서 설법을 듣는 대중의 근기(根機)에 따라 그 가르침을 쉽고 간단명료하게 이해시키기 위하여, 비유나 방편을 들어서 설법하시던 대기설법(對機說法)입니다. 듣는 이들의 이해 능력에 맞추어 진리를 해설하는 설법을 수기설법(隨機說法), 수기산설(隨機散說), 응기접물(應機接物)이라고도 합니다.

부처님의 가르침을 전하기 위해 북방으로는 인도에서 티벳, 부탄, 파미르고원을 넘어서 중앙아시아를 지나 중국, 고구려, 발해, 백제, 신라, 일본 등지로 스님들이 오셨습니다.

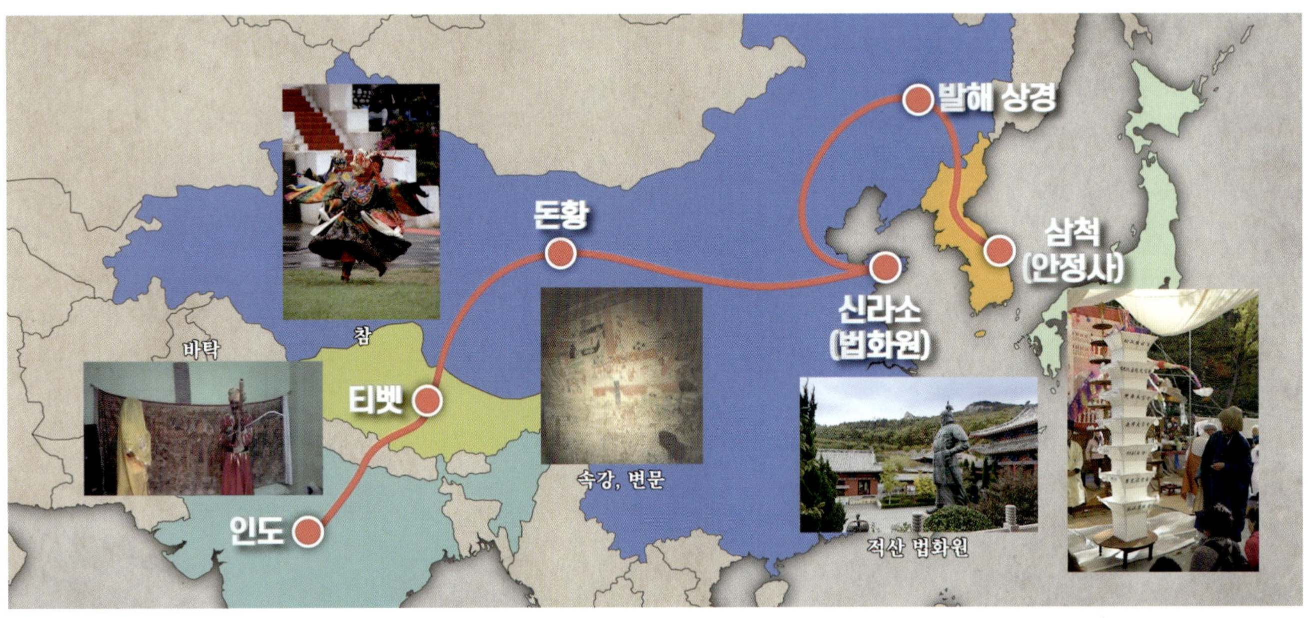

그러나 포교대상지에는 이미 토착민들의 종교와 문화 · 관습이 자리하고 있었습니다. 일부 다른 종교와 달리, 불교는 기존 종교나 문화 · 관습과 충돌하지 않는 화합과 평화의 가르침입니다. 따라서 배척보다는 동사섭(同事攝)하고 우열의 비교보다 화목한 선도(先導)를 통해, 기층의 종교와 문화를 존중하는 가운데 부처님의 가르침을 한층 고귀하게 전할 수 있었습니다.

어렵고 이질적인 외국어가 아닌 그 지역민들의 언어와 문자로 설법하고, 그들의 박자와 리듬에 맞추어 경전을 낭독하며, 그들에게 친숙한 의례나 놀이 춤 등을 활용하여 학습의 효과를 배가(倍加)하였습니다. 일방적인 법사의 강연과 청중의 수동적인 듣기에 머물지 않고, 법사와 청중이 서로 질문과 토론 화답을 하는 적극적인 참여의 법회를 지향하였습니다.

우월감에 사로잡힌 불교 소개가 아니라, 지역민이 자신들의 관점과 문화를 객관적으로 바라볼 수 있도록 법석의 장(場)을 열고, 청중들 스스로가 나아갈 길을 선택하도록 안목을 넓혀 주는 데 우선의 가치를 두었습니다.

기층민들에게 부처님의 가르침을 이해시키기 위하여 그들의 연희나 신앙 의례를 활용하고 법사가 직접 연행하는 데 있어서, 안목없는 대중이 바라보는 비난이나 체통은 문제가 아니었습니다. 온몸과 마음을 던져서 포교의 일선에 나선 것입니다. 신라시대 혜공스님, 혜숙스님, 대안스님, 원효스님의 포교를 위한 길거리 노래와 춤을 비웃는 이들도 있었습니다.

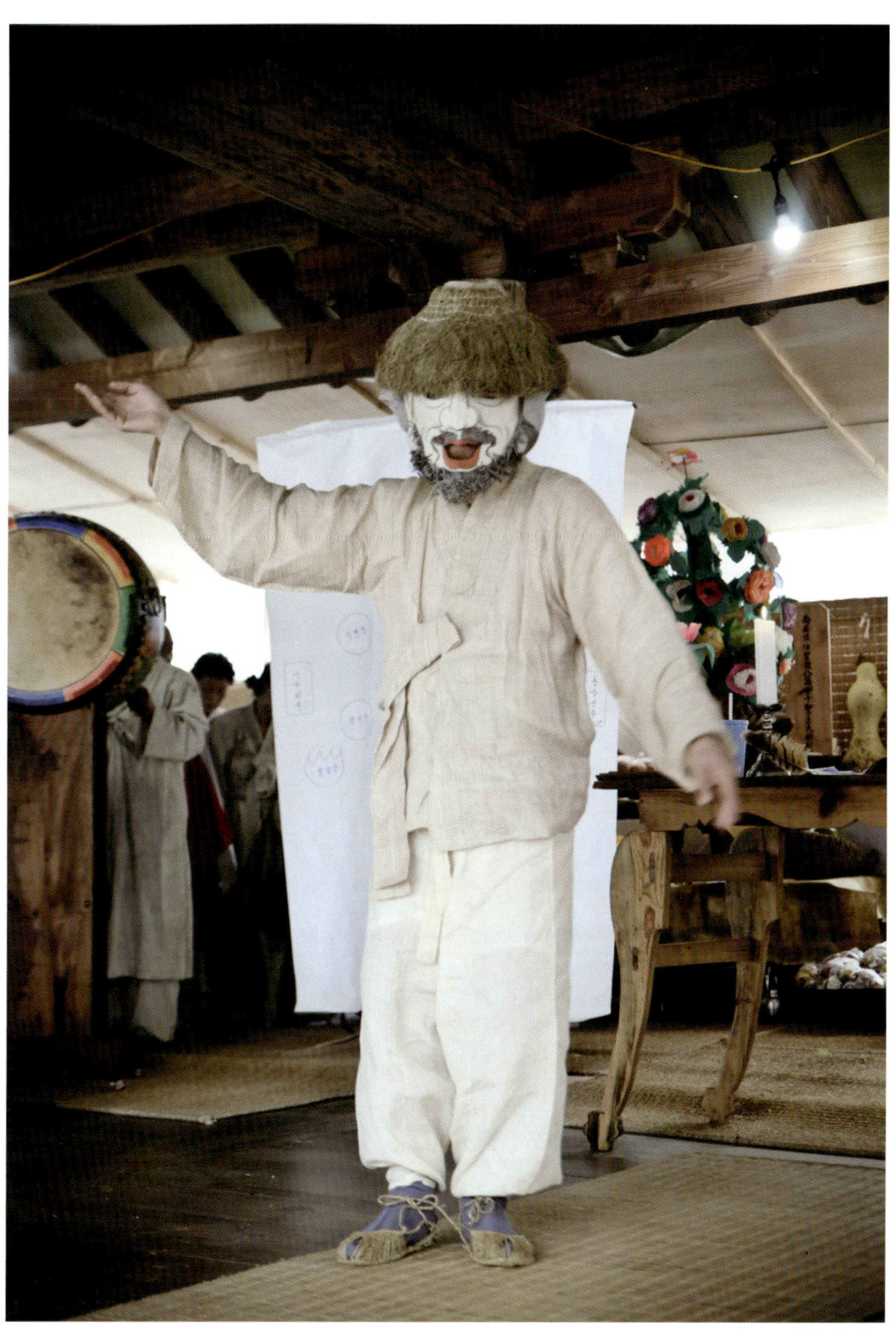

그러나 이러한 포교의 방법 또한 지켜야 하는 엄정한 경계와 기준이 있었고, 그 경계와 기준에 따른 절차가 정제(整齊)와 승화(昇華)를 거쳐 땅설법으로 나타났습니다,

티벳과 부탄에서는 참(Cham), 중국에서는 속강(俗講), 일본에서는 그림설법인 에토키(繪解き) 등의 명칭으로 설행되었습니다. 『양고승전(梁高僧傳)』의 기록에 따르면, 창도사(唱導師), 즉 땅설법 법주는 '소리·언변·재능·박식(聲辯才博)'을 갖추어야 했습니다. "소리가 좋지 않으면 대중을 일깨우기 어렵고, 언변이 없으면 시절에 맞게 표현할 길이 없으며, 재능이 빈약하면 골라 쓸만한 말이 없고, 박식하지 않으면 말에 근거가 없다"라고 합니다.

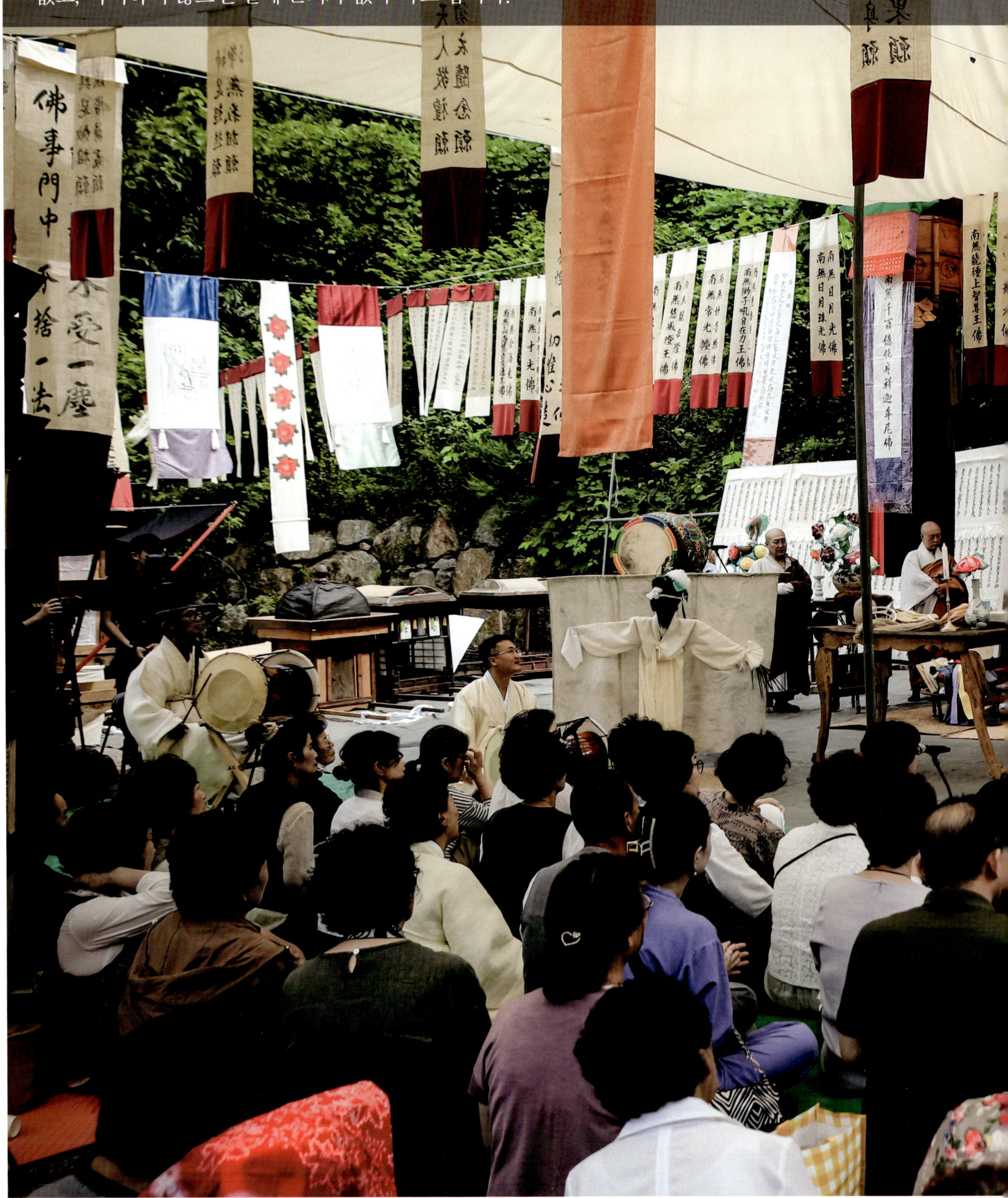

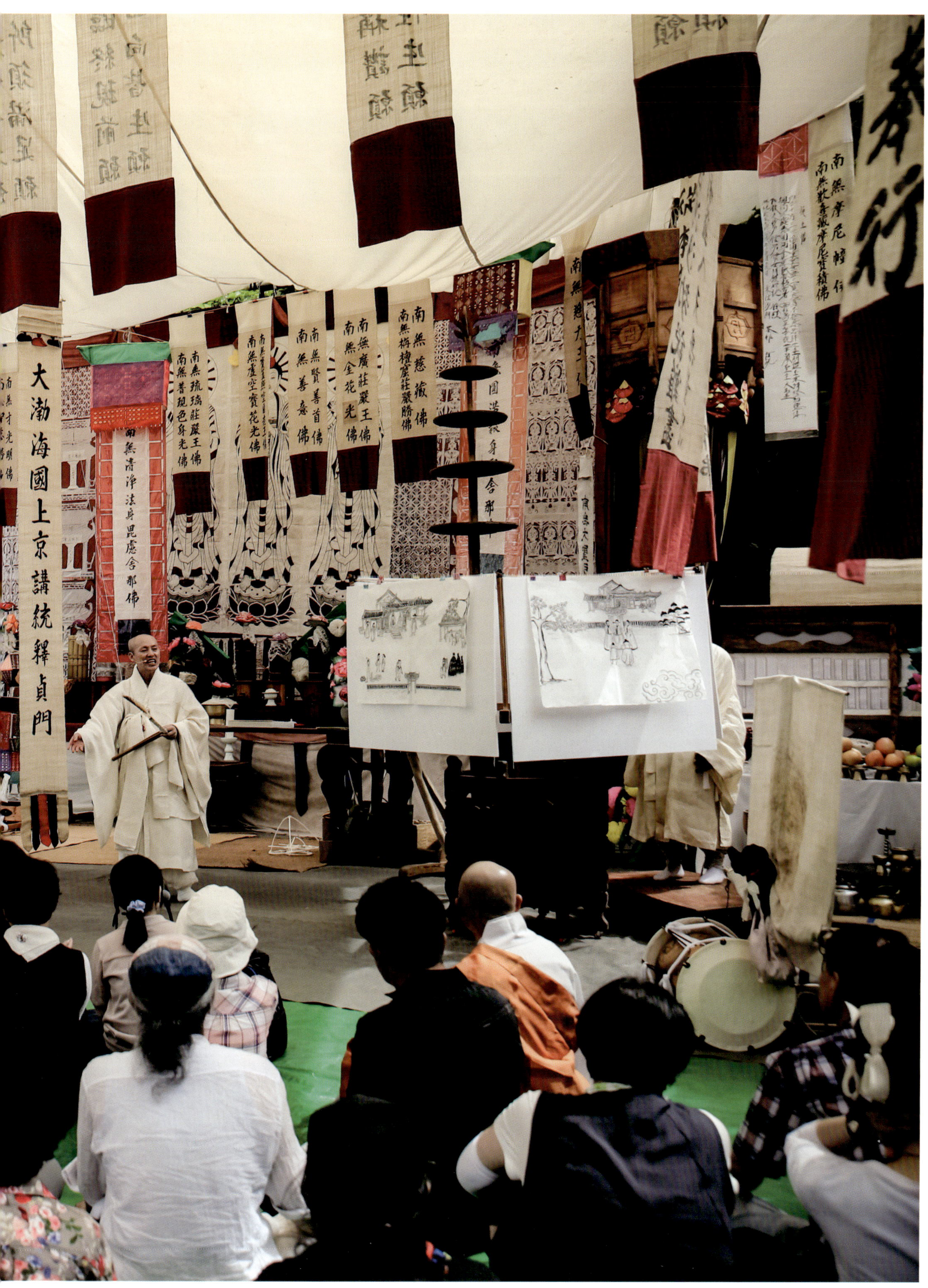

여래(如來)의 마음! 땅설법지화(紙花)

현재 대다수 국가에서는 이러한 전통이 단절되거나 흔적만 남은 상황입니다. 강(講)과 창(唱)과 연(演)의 온전한 형태로는 세계에서 유일하게, 한국의 강원도 삼척의 산골 작은 절 안정사에서 마지막으로 전승되고 있습니다.

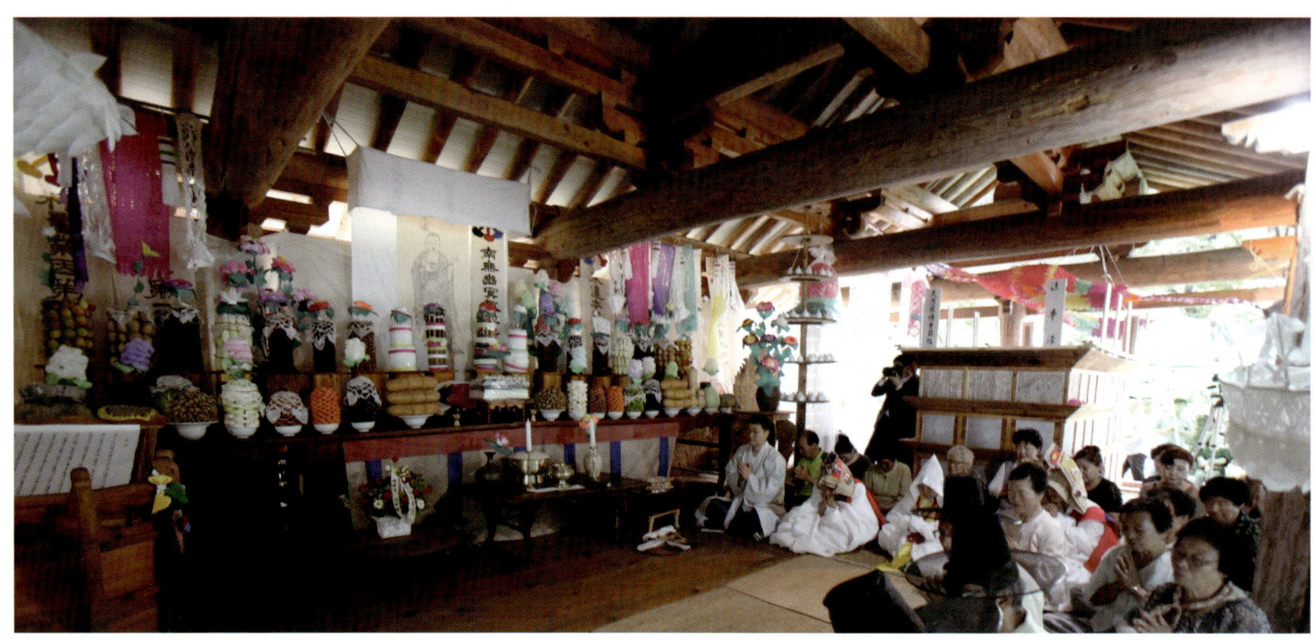

고구려 · 발해의 땅설법 방식인 북조(北調), 신라 · 백제의 땅설법 방식인 남조(南調)가 모두 전승되고 있습니다. 고구려 불교의 맥을 이은 발해국 불교의 땅설법 방식인 북조 땅설법은 현존하는 발해국(渤海國)의 유일한 무형문화(無形文化)입니다.

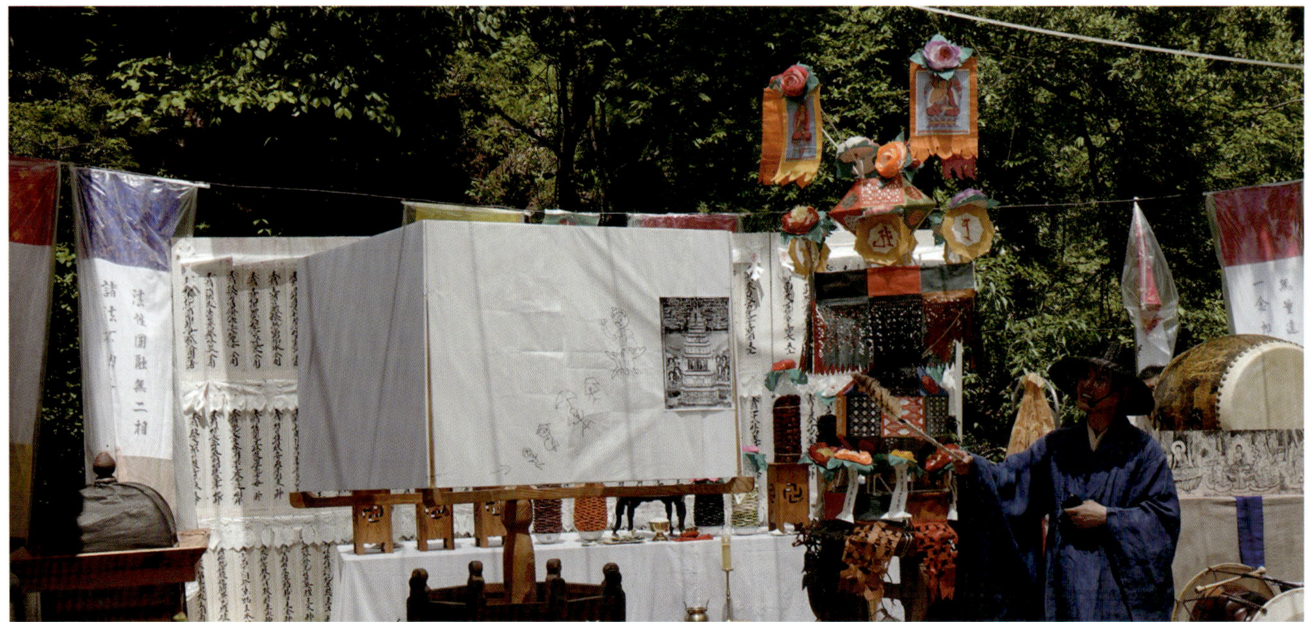

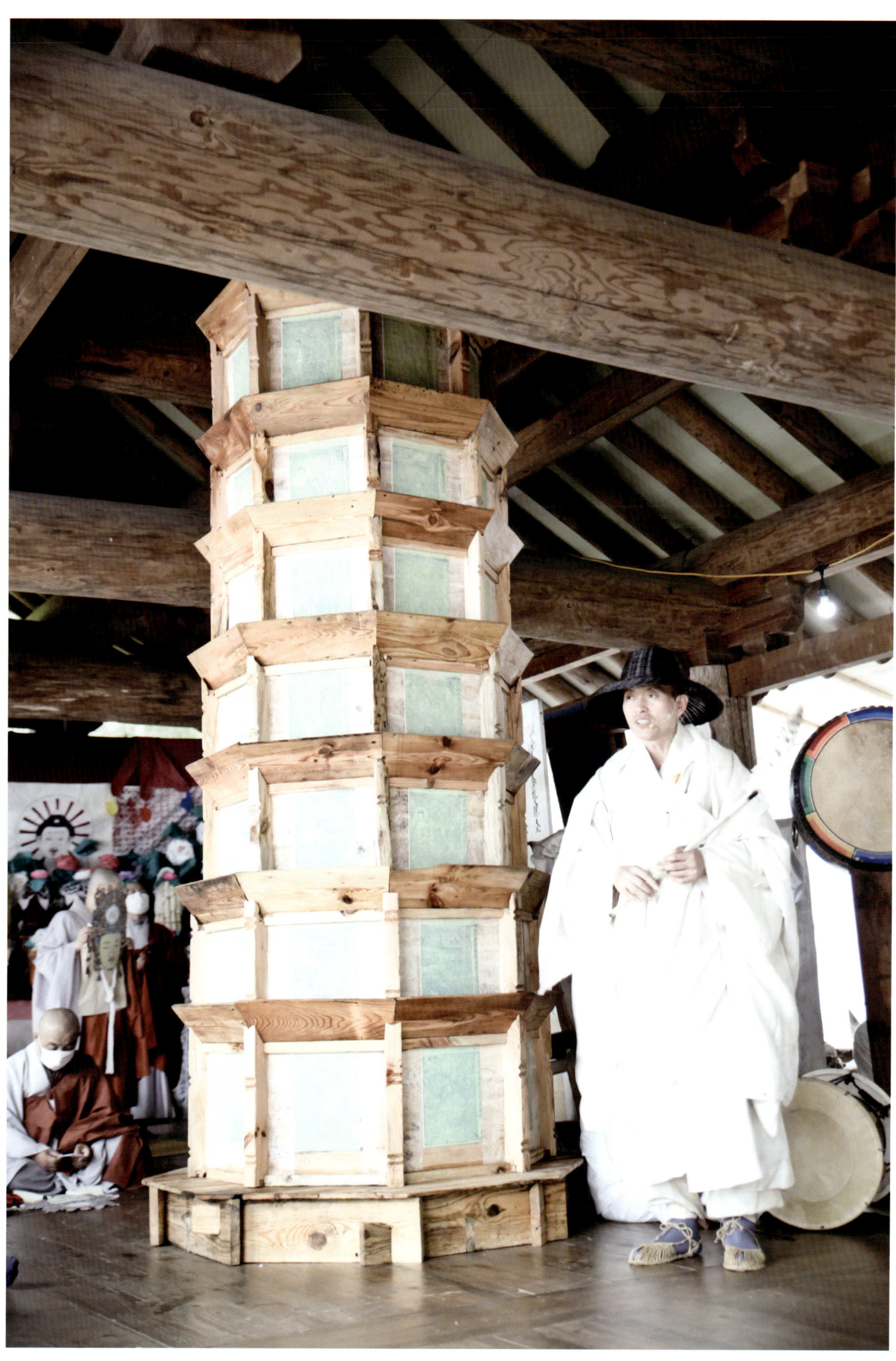

15 ─ 여래(如來)의 마음! 땅설법지화(紙花)

2. 안정사의 땅설법 전승과정

삼척의 안정사(安政寺)는 1960년대 안정암이라는 작은 암자로 세워졌습니다. 이 암자에는 금강산 유점사에서 남하한 운성(雲省) 노스님과 부석사 말사인 봉래원(鳳來院) 암자에서 출가하신 대법(大法: 1937. 12. 21~2016. 8. 13) 스님이 계셨습니다.

현재 땅설법 법주 다여(茶如) 스님은 두 분 스님으로부터 염불, 지화, 불교의례 등을 배우면서 자랐습니다. 다여스님이 7세 되던 해에 무명(無明: 1910. 1. 15.~1988. 12. 11) 스님이 오셨습니다. 무명스님은 두만강 유역의 마을에서 출생하였고, 삼척 도계 홍전리 절터 초막에서 스승인 포해(抱海) 스님과 함께 수행하고 있었습니다. 일본인들이 절터에 있던 불상을 일본으로 가져가려 하기에, 불상을 옮겨서 땅에다 묻고 만주 흑룡강(黑龍江)에 소재한 영안(寧安)으로 가셨습니다.

영안은 발해의 수도 상경(上京)이었던 곳입니다. 이곳에 발해의 고승이고 땅설법 강통(講統)이셨던 석정(釋貞) 스님의 법맥을 이은 은사 스님께서 계셨습니다. 무명스님은 스승으로부터 땅설법 강통의 전법게(傳法偈)를 받아 북조 땅설법의 법맥(法脈)을 이으셨습니다.

무명스님은 1951년 1.4 후퇴 때 남쪽에 오셨는데, 38선이 막혀서 돌아갈 수 없게 되었습니다. 이에 도계 홍전리 절터와 여러 인연으로 안정암 다여스님에게 땅설법을 전승시켰습니다.

1988년 07월 17일 저녁 무명스님은 다여스님에게 전법게(傳法偈)를 내렸습니다.

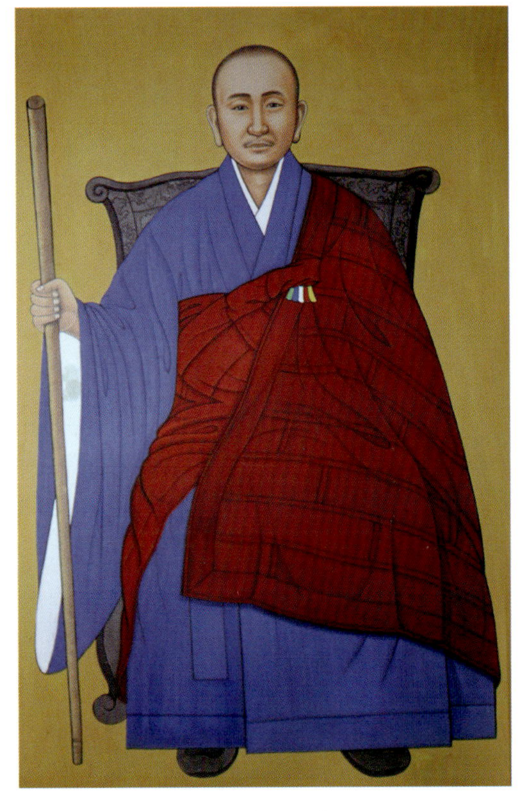

무명스님

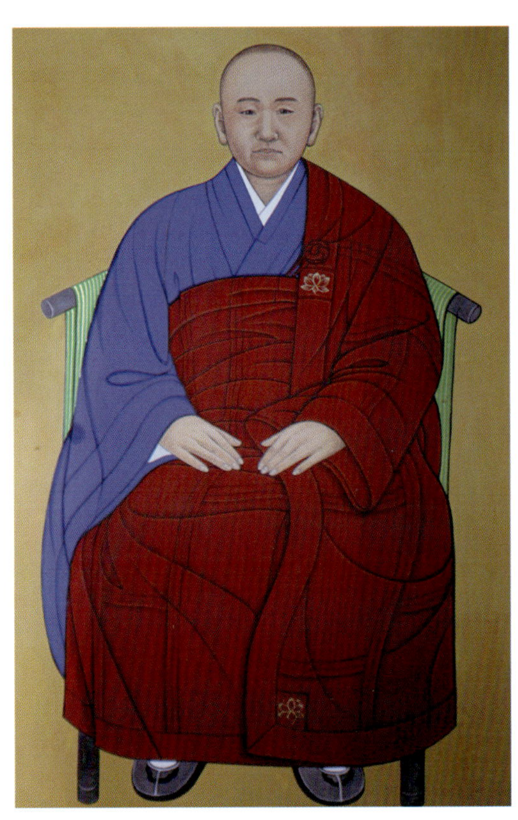

대법스님

부 비성다여 장실 (付 飛聲茶如 丈室)
비성 다여에게 부촉하노라

불무설 중생의성(佛無說 衆生依聲)
부처님은 말씀이 없건만 중생은 소리에 의존하네

부태산 석양고옹(負泰山 夕陽孤翁)
태산을 짊어진 저녁노을의 외로운 늙은이

득불설 능부수미(得佛舌 能負須彌)
수미산을 능히 짊어질 부처의 혀를 얻었도다.

대건불토 회희옹(待建佛土 會喜嗌)
불국토를 건설하고 두 마리 기러기가 기뻐 울며 만나듯 만날 날을 기다리마.

세존응화삼천일십오년칠월십칠일석(世尊應化三仟一十五年七月十七日夕)
상경강통석정문(上京講統釋貞門) 무명(無明) 설(說)

중생이 없는데 부처가 있으며
번뇌가 없는데 깨달음이 있겠는가.

첩첩산중 깊은 골에 허상(虛像)부처 찾지 마라
아귀 수라 저자거리 선불장(選佛場)의 큰 죽비일지니.

-대법스님 부촉의 말씀 중에서-

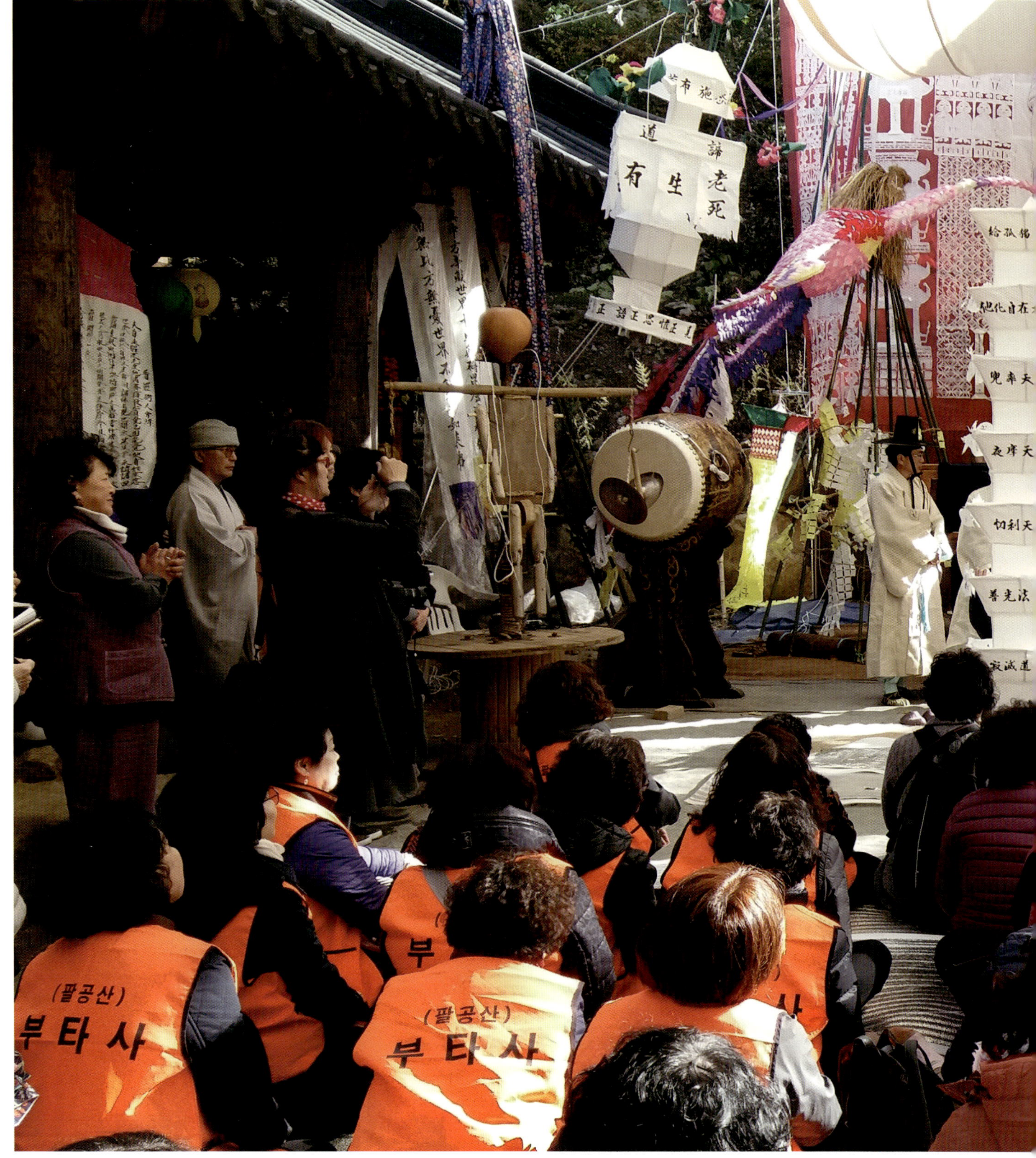

세 분 스님으로부터 고구려 발해의 불교에서 전승되어 오던 북조 땅설법과 한반도 내에서 전승되어 오
던 남조 땅설법을 다여스님이 전수받았습니다.

또한 현재 다른 사찰에서는 전승이 단절된 화엄성주대재(華嚴聖主大齋)와 제석천왕재(帝釋天王齋), 화
엄칠성대재(華嚴七星大齋) 등의 의례를 전승해 오고 있습니다. 이러한 의례와 설법에 수반된 지화를
다여스님이 전수받아 지금껏 이어오고 있습니다.

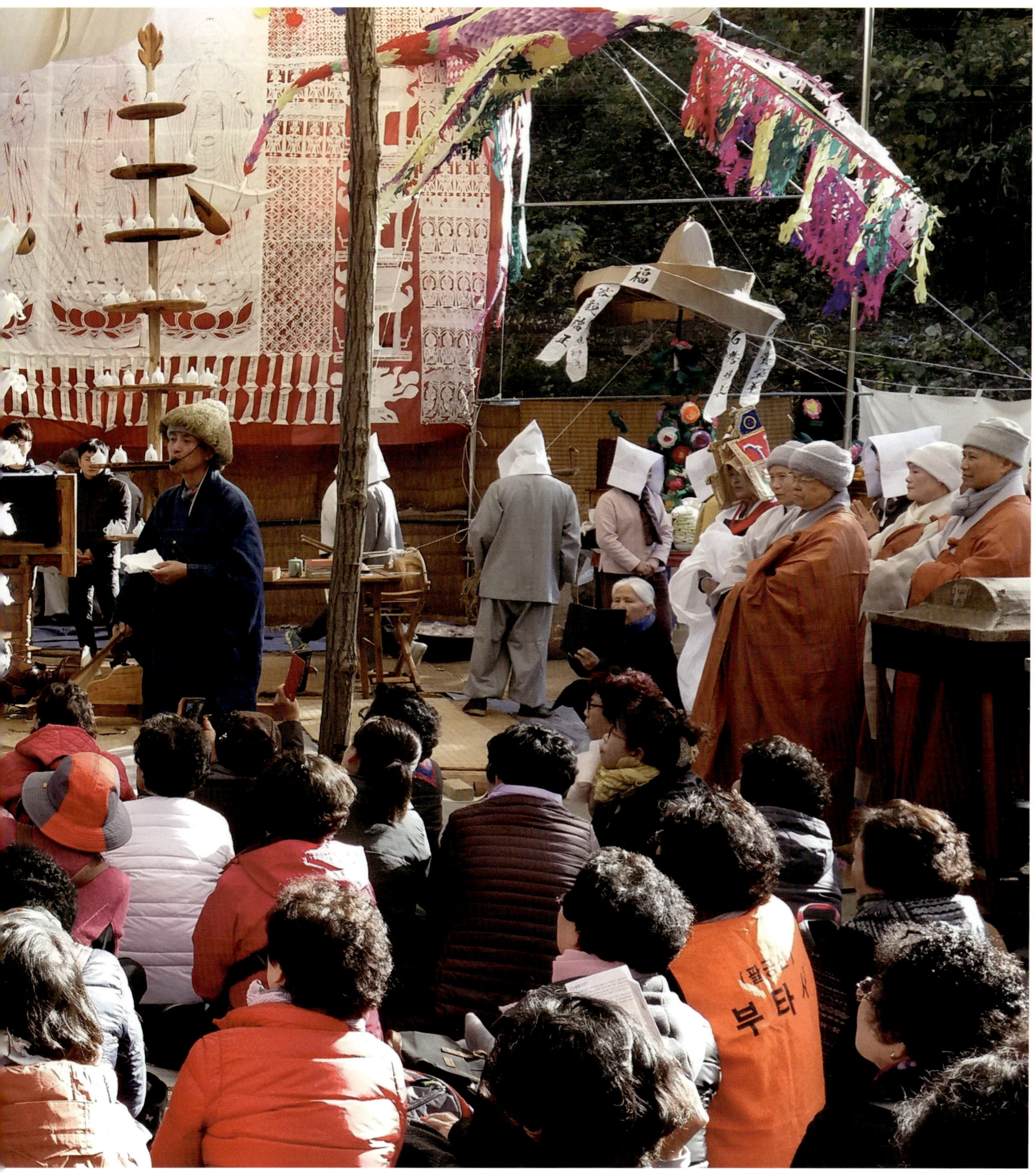

여래(如來)의 마음! 땅설법지화(紙花)

3. 땅설법의 진행절차

땅설법은 부처님의 가르침을 전하는 목적을 지닌 '불교교리 학습지도법(學習指導法)'입니다. 일본의 엔닌(圓仁, 794~864) 스님은 9세기 당나라의 강경의식(講經儀式)과 당나라에 살고 있던 신라인의 생활을 소개하였습니다. 『입당구법순례행기(入唐求法巡禮行記)』에는, 중국 적산에 있는 신라인들의 절 법화원(法華院)의 강경의식을 잘 묘사하고 있습니다.

그 절차는 현재 한국에서 전승되고 있는 땅설법의 진행절차와 유사합니다.

① 법회의 주제에 맞는 불보살님의 명호를 대중이 정근(精勤)합니다.
② 대중이 좌정하면 도강법사(都講法師)가 그날 강의의 주제와 설법 방향을 설법합니다.
③ 도창법사(導唱法師)가 등단하여 아래 내용을 이어갑니다.
　첫째, '불단진설법문(佛壇陳設法門)'으로, 법회장의 불구(佛具)나 소품의 의미를 설합니다.
　둘째, '문답설법(問答說法)'으로, 참석한 청중이 질문하면 법사가 응답을 이어갑니다.
　셋째, '도창(導唱)'으로, 법회의 경전이나 줄거리를 음률을 얹어서 낭송합니다.
　※ 간창(間唱) : 도창을 하다가 참석 대중의 동참과 설법내용의 이해를 돕기 위해
　　　　　　　　　사이사이에 노래를 합니다.
　※ 연(演) : 학습의 이해를 돕기 위해 참석 대중이 동참하는 연기(演技)를 합니다.
④ 도강법사가 그날 법회에서 미진한 부분을 보강하는 설법으로 '도평(都評)'을 합니다.
⑤ 동참자들이 모여서 법회에 보시한 분들의 명단, 지출내역, 공지사항 등을 함께 나누는 '대중공사(大衆公事)'를 합니다.

4. 땅설법의 주제

땅설법은 주제의 경중과 난이도에 본전(本典), 별전(別典), 별외전(別外典)이 있습니다.

(1) 본전(本典)
본전은 5종이 있으며, 이는 석가모니일대기(釋迦牟尼一代記), 선재동자구법기(善財童子求法記), 목련존자일대기(目連尊者一代記), 성주신일대기(聖主神一代記), 신중신일대기(身衆神一代記)입니다.

(2) 별전(別典)
법기보살금강산조성기(法起菩薩金剛山造成記), 만석중득도기(曼碩衆得道記), 안락국태자경(安樂國太子經), 태자수다나경(太子須大拏經), 심청효행록(沈淸孝行錄), 삼한세존일대기(三韓世尊一代記), 위제희부인만원연기(韋提希夫人滿願緣起), 미란다왕문경(彌蘭陀王問經), 현우경(賢愚經), 육도집경(六度集經), 선묘변룡호법기(善妙辨龍護法記) 등이 있습니다.

(3) 별외전(別外典)
사찰전각설법, 지화설법, 신중단 신중설법. 경전소개 설법 등이 있습니다.

5. 땅설법의 설행방법

(1) 변상도 활용법
경전의 내용을 그림으로 그려서 걸어두고 설법합니다. 주로 낮이나 불빛이 그림을 비추는 것이 가능한
공간에서 행합니다.

(2) 그림자극
주로 밤에 경전의 내용을 그림자로 만들어서 설법합니다.

(3) 탈놀이
전달할 주제를 탈놀이로 행합니다.

(4) 연극, 역할극
경전의 내용을 연극으로 꾸미거나 역할극으로 만들어 행합니다.

(5) 인형극
경전의 내용을 인형극으로 행합니다.
이상의 방법을 단독 또는 조합하여 행합니다.

6. 땅설법과 지화

땅설법은 '불교교리 학습지도법'입니다. 따라서 땅설법에서 전승되는 지화는 다음과 같은 특징이 있습니다.

첫째. 지화는 아름다움을 넘어 부처님의 가르침을 담고 있어야 합니다.
경전이 부처님의 말씀이라면 지화는 부처님의 마음입니다. 부처님께서 가섭존자에게 연꽃을 들어 보임으로써 마음을 전한 일처전심(一處傳心)이 이를 대변합니다.

둘째· 지화는 설법하는 경전의 핵심 사상의 정수를 담고 있어야 합니다.
따라서 불교경전을 먼저 공부한 다음에 지화 제작기술을 익혀야 합니다.

셋째· 지화는 진언(眞言)이나 다라니와 같이 신묘한 힘이 있습니다.
따라서 해당 경전이나 의례에 맞게 조성하여 설단하고 항시 성스럽게 대하여야 합니다.

넷째, 땅설법 지화는 신앙이며 가르침의 표상입니다.
따라서 부처님의 가르침에 대한 진실한 신심 없이 지화 제작의 손재주만 배워서 사사로운 명예나 이익을 추구해서는 절대로 안 됩니다.

이상의 원칙이 무명 스님과 대법 스님의 절절한 당부이며 가르침입니다.

믿으면 있고 안 믿으면 없다.
있다 없다 분별없는 그 자리가 부처니라.

　　-대법스님 임종법문-

01

경전의 가르침을 나타내는 지화 : 상단

만다라화(曼茶羅華)

고대 산스크리트어로 '만다라(Maṇḍala)'는 본질을 뜻하는 '만달(Maṇḍal)'과 소유를 뜻하는 '라(la)'가 결합하여 이루어진 말로, 부처님의 깨달음의 경지를 나타냅니다. 만다라는 양계만다라(兩界曼茶羅)와 별존만다라(別尊曼茶羅)로 나뉩니다. 양계만다라는 『금강정경(金剛頂經)』에서 설법하는 부처님의 세계인 금강계만다라(金剛界曼茶羅)와 『대일여래경(大日如來經)』에서 설법하는 부처님의 세계인 태장계만다라(胎藏界曼茶羅)입니다.

 법화경에는 부처님께서 설법하는 장면에 만다라화 · 대만다라화 · 만수사화 · 대만수사화의 꽃비가 내리는 장면이 있습니다. 부처님께서 지견(知見)을 열어 중생들에게 부처님의 세계를 개시오입(開示悟入) 하고자 네 종류의 천화(天華)로 드러내시는 것입니다. 만다라화는 개화(開華)이고, 마하만다라화는 시화(示華), 만수사화는 오화(悟華), 마하만수사화는 입화(入華)를 가리킵니다.

즉 만다라화는 부처님의 세계를 열어 보이는 꽃으로 지견개화(知見開華)이며, 흰 연꽃입니다. 만다라화는 태장계만다라에서 표현된 부처님 세계를 범어로 적어서 연밥을 조성하고 연잎으로 아래를 받쳐서 조성합니다.

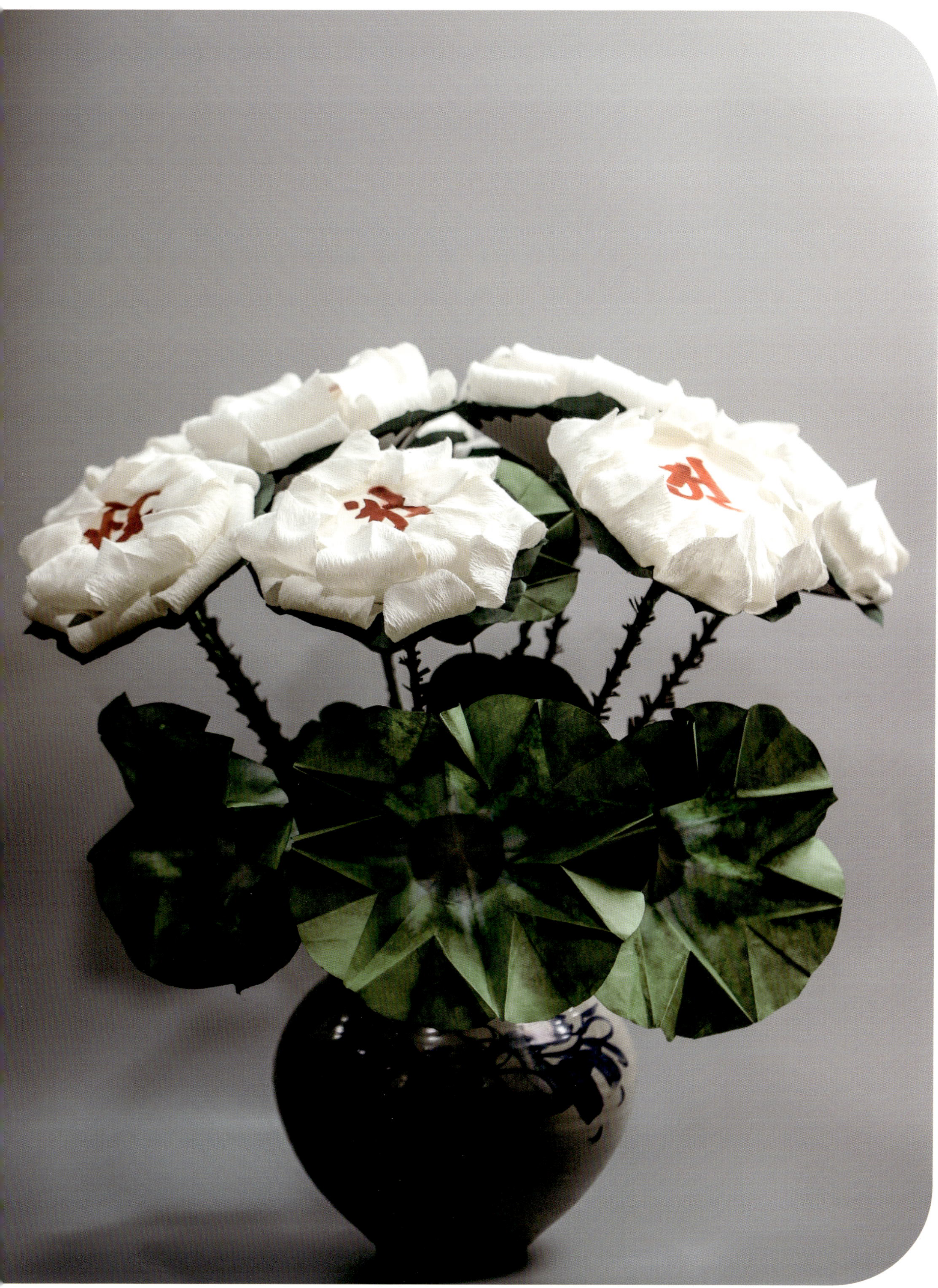

여래(如來)의 마음! 땅설법지화(紙花)

| 연화만다라화

만다라화를 조성하는 두가지 방법 중 하나입니다. 연밥에 범어를 넣지 않고 꽃술로 조성합니다.

이 만다라화는 잎사귀 또한 연잎이 아닌 목단잎을 사용합니다.

보살(菩薩)이 중생 구제를 위하여 온갖 죄업과 더러움이 있는 생사의 세계로 뛰어들어 세속에 처해 살지만 부처님의 가르침을 받들어 살아가는 모습을 나 또한 중생속에 보살이 있음을 나타냅니다.

즉 중생과 보살은 둘이 아니다라는 가르침입니다.

범자 만다라화와 마찬가지로 『법화경(法華經)』을 주제로 하는 법회나 불공에 쓰입니다.)『법화경(法華經)』을 주제로 하는 법회나 불공에 쓰입니다.

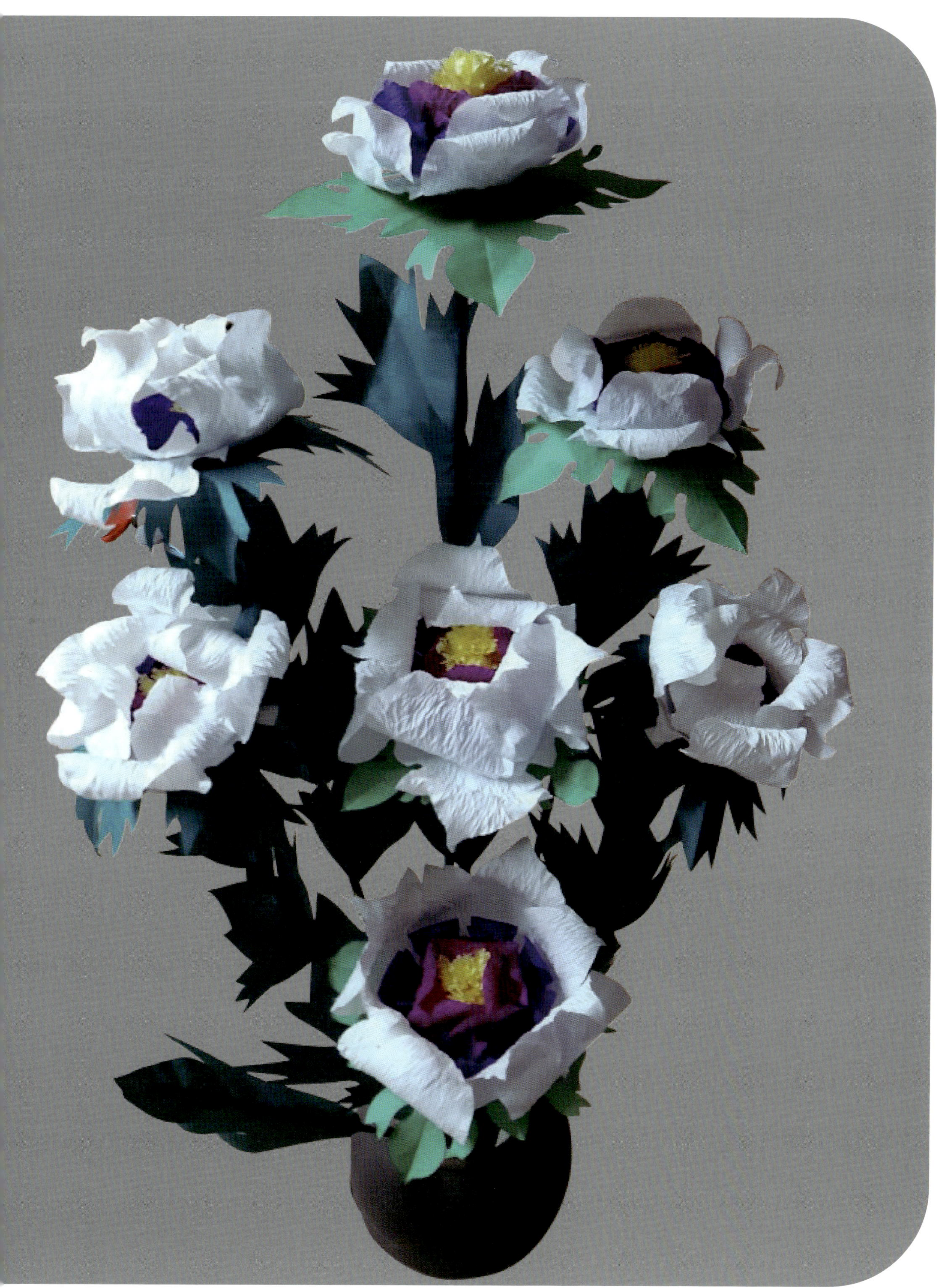

여래(如來)의 마음! 땅설법지화(紙花)

대만다라화(大曼茶羅華)

대만다라는 '부처님의 세계를 보여준다'라는 의미로 '지견시화(知見示華)'라고 합니다. 흰색의 큰 연꽃으로 태장계만다라에서 표현하는 부처님 세계를 범어로 연밥을 조성하고, 흰 한지를 둥글게 만든 다음 별 모양의 흰색 작은 꽃을 사이에 끼워서 밑을 받쳐서 조성합니다.

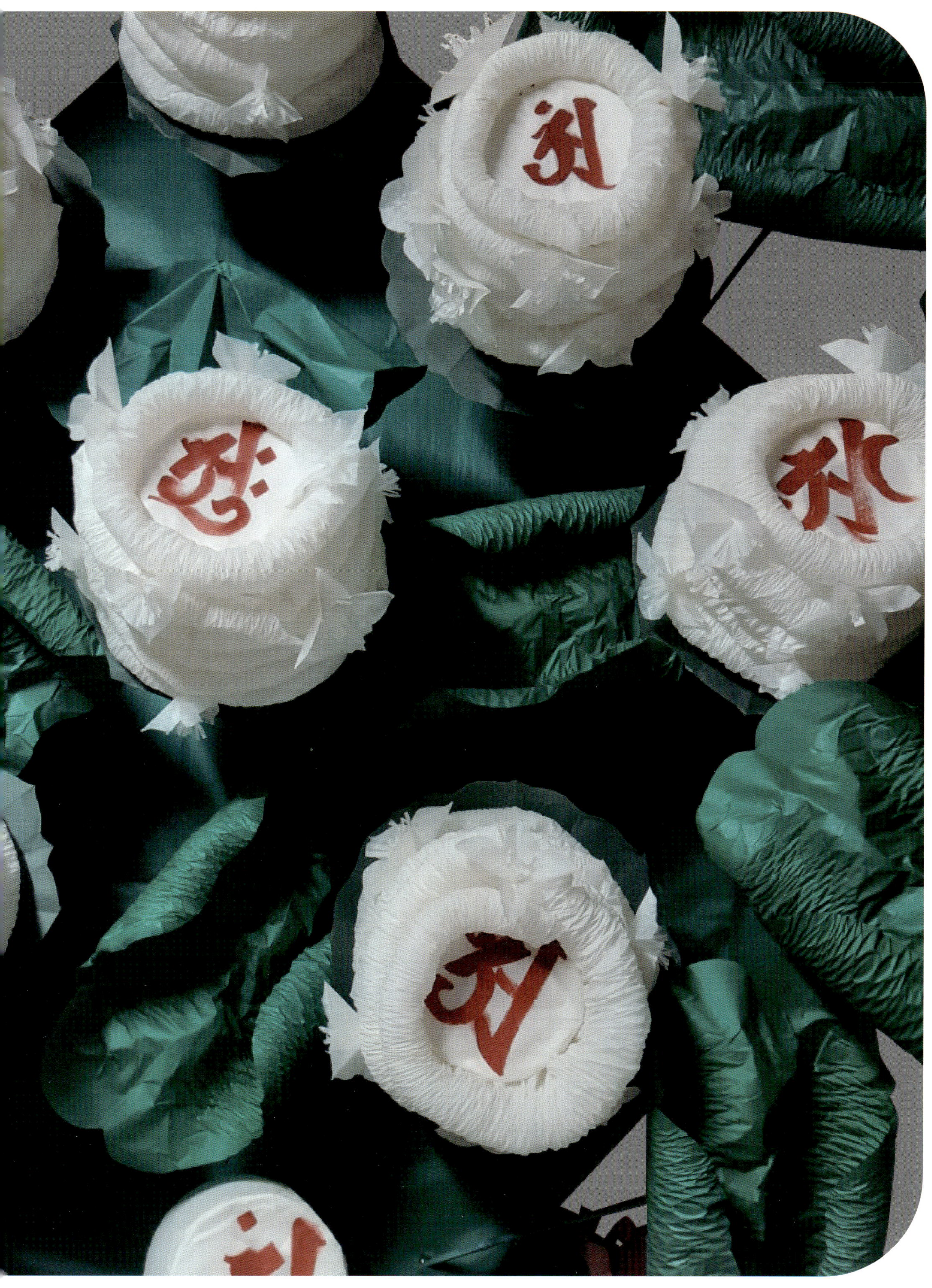

여래(如來)의 마음! 땅설법지화(紙花)

만수사화(曼殊沙華)

'부처님의 세계를 깨닫게 한다'라는 의미로 '지견오화(知見悟華)'라고 합니다. 금강만다라의 오선정불(五禪定佛)의 수인(手印)으로 연밥을 조성하고, 붉은 연잎으로 밑을 받쳐서 조성하는 것을 원칙으로 합니다. 수인 없이 붉은색 연잎으로 만들기도 합니다.

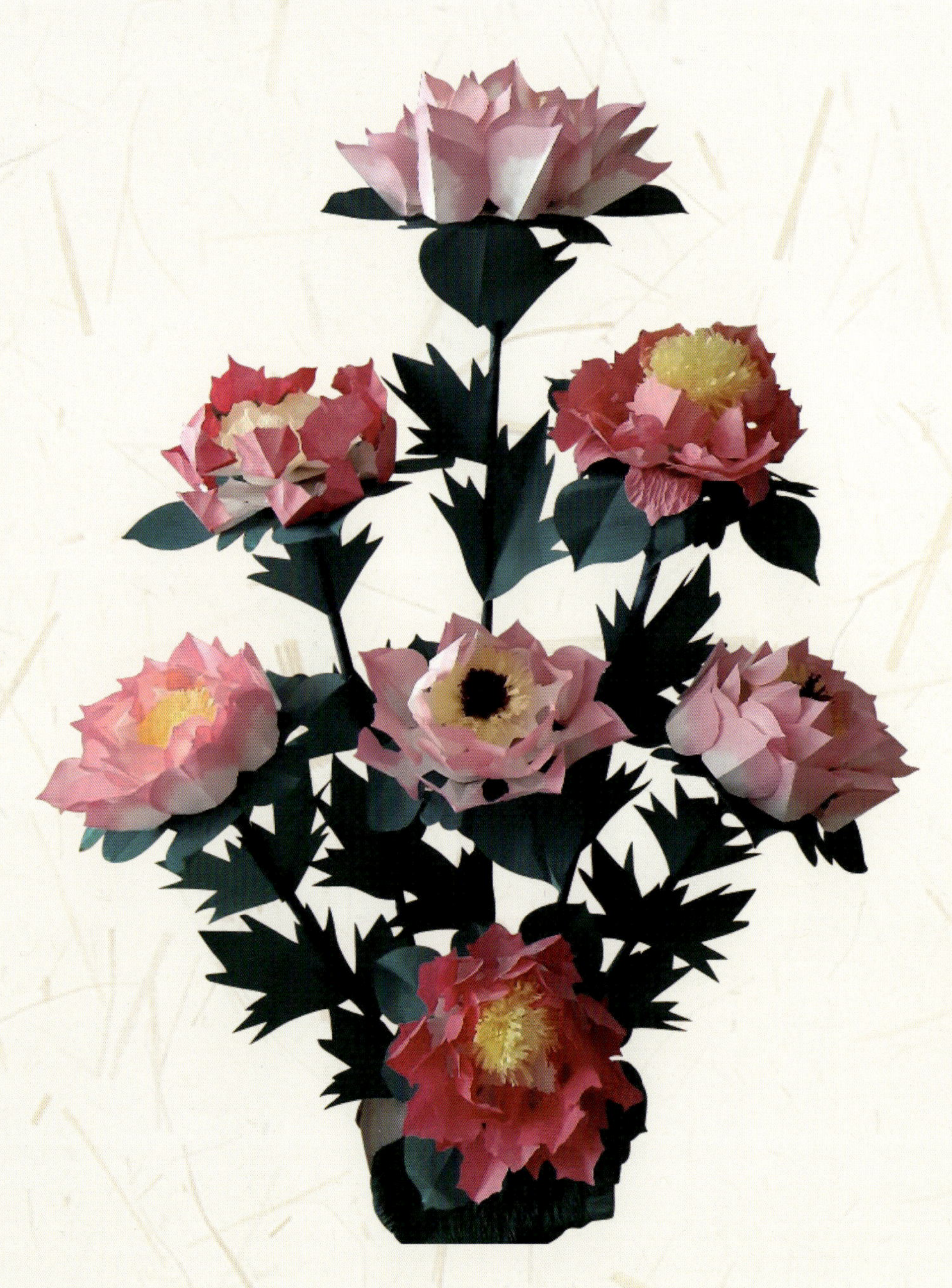

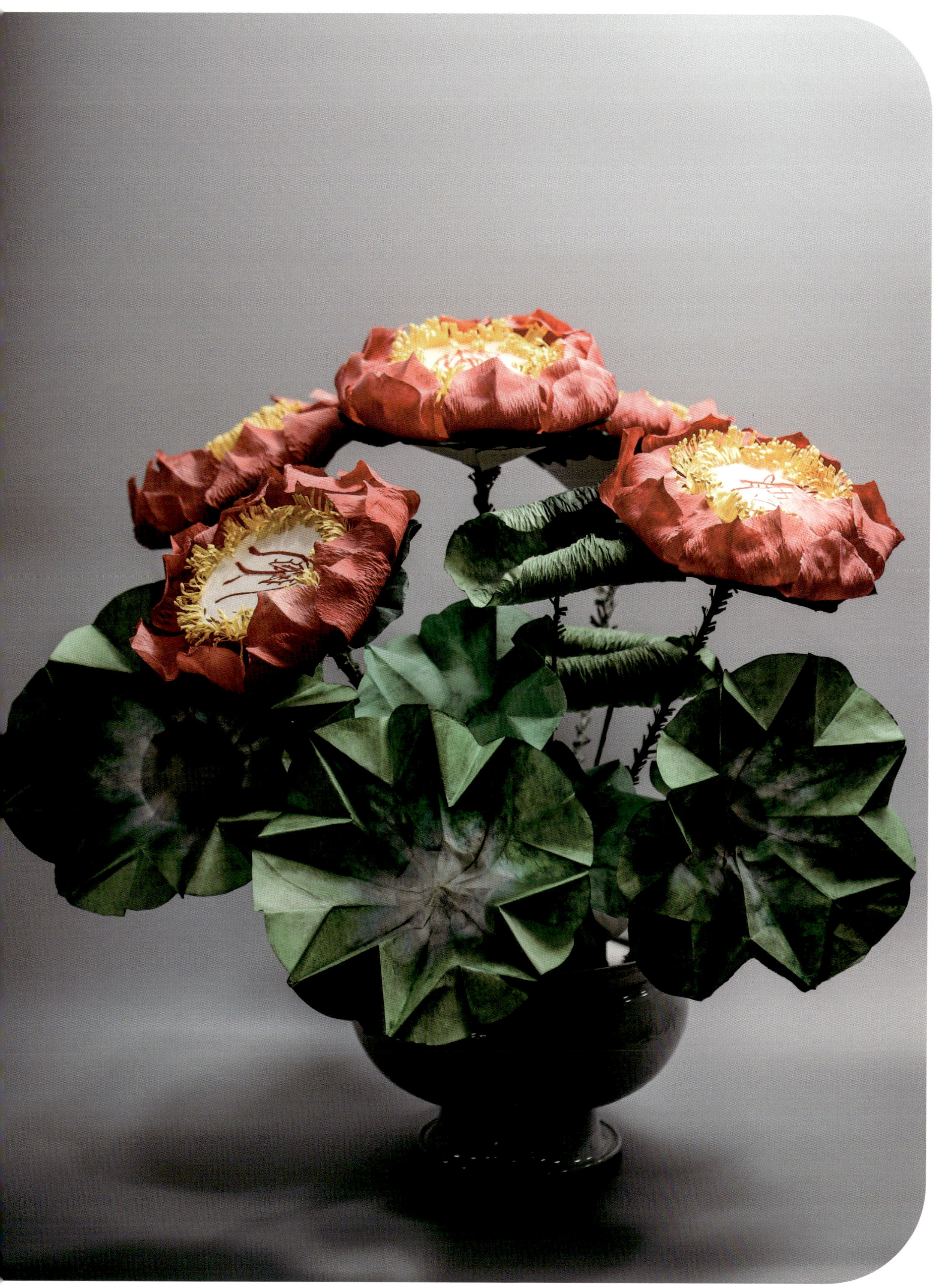

여래(如來)의 마음! 땅설법지화(紙花)

대만수사화(大曼殊沙華)

'부처님의 세계로 들게 한다'라는 의미로 '지견입화(知見入華)'라고 합니다. 금강만다라의 오선정불(五禪定佛)의 수인으로 연밥을 조성하고, 붉은색으로 둥글게 말아 돌린 한지 테에 별 모양으로 만든 꽃을 끼우고 밑을 받쳐서 조성합니다.

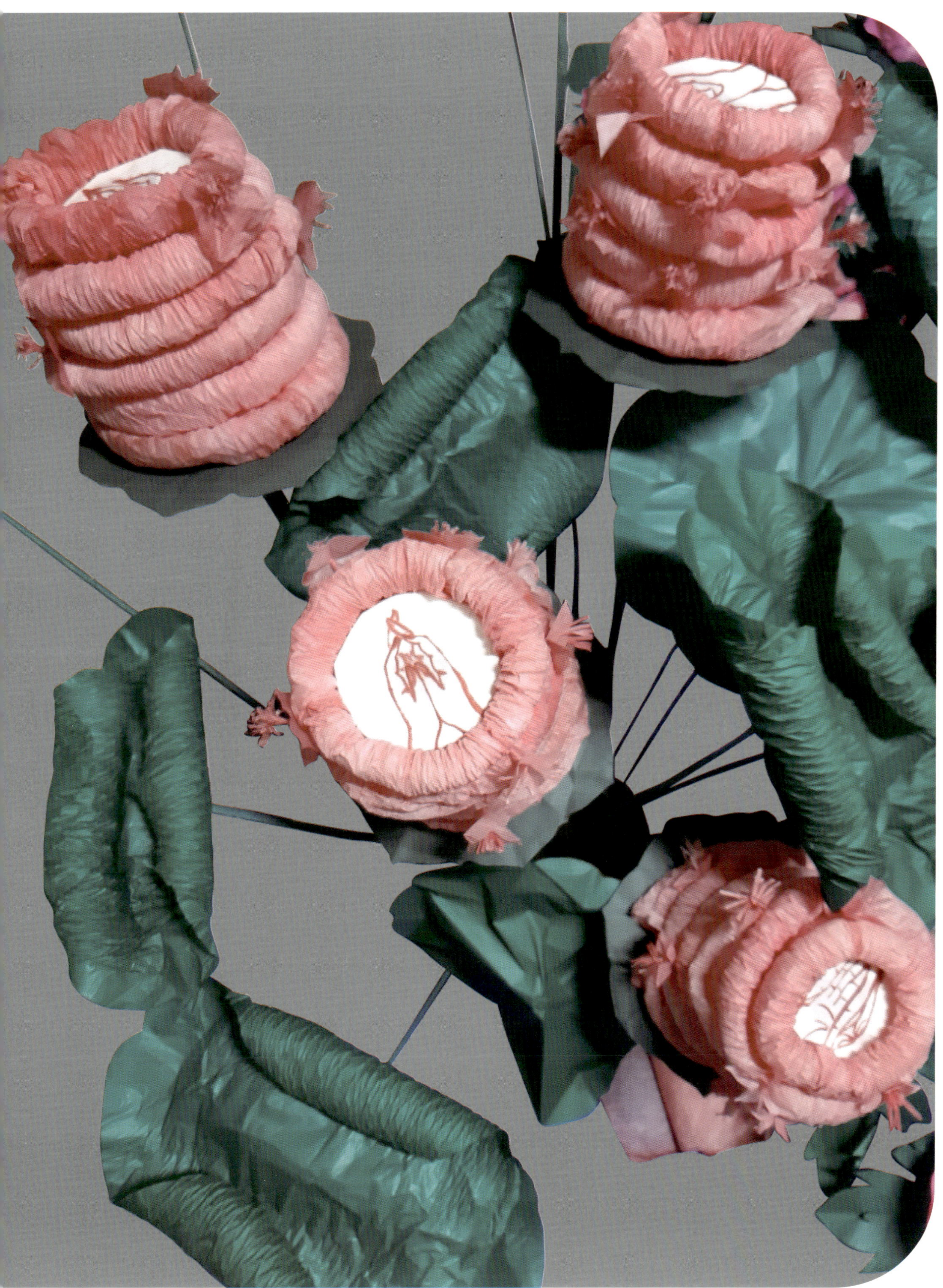

여래(如來)의 마음! 땅설법지화(紙花)

우화(雨華)

우화꽃이라고도 부릅니다. 만다라 · 만수사 · 대만다라 · 대만수사 꽃을 진설할 때 좌우에 드리우는 꽃으로, 붉은색과 흰색으로 만든 꽃입니다. 모든 법회 불공에 사용합니다.

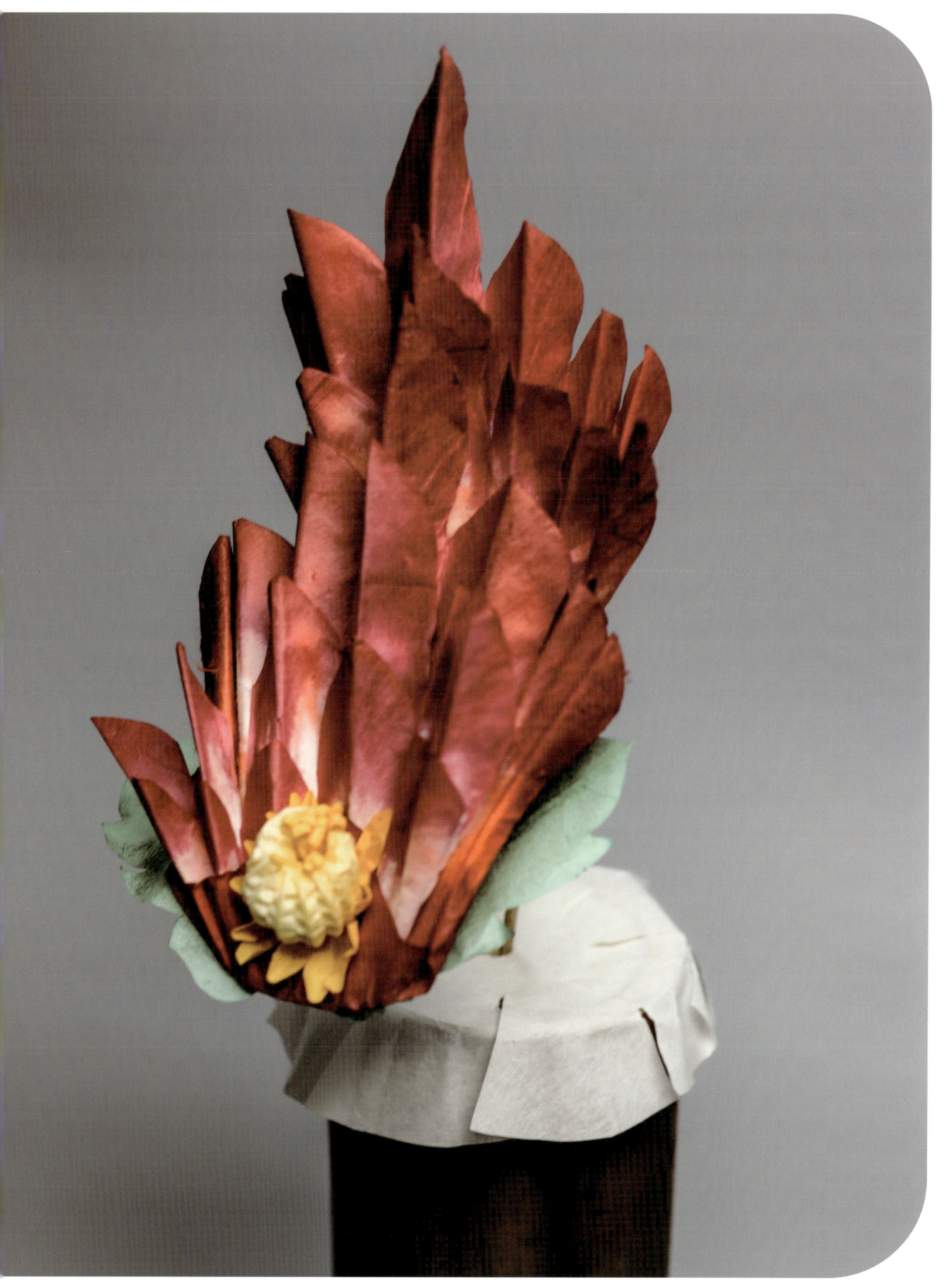

여래(如來)의 마음! 땅설법지화(紙花)

화엄법계화(華嚴法階花)

화엄법계화는『화엄경(華嚴經)』에서 가르치는 수행 계위를 드러내는 꽃입니다. 보살 수행계위(菩薩修行階位)는 보살승(菩薩乘)의 수행자가 처음 보리심(菩提心)을 발한 후, 수행의 공덕을 쌓아서 부처의 상태에 도달하기까지 거치는 단계 또는 계위를 말합니다.

수행 계위는 여러 경전에서 다양하게 설법합니다. 10, 11, 41, 42, 51, 52, 57, 58위 등으로 설법하는데, 화엄법계화는『화엄경』에서 설하는 10신(十信)·10주(十住)·10행(十行)·10회향(十廻向)·10지(十地)·등각(等覺)·묘각(妙覺)의 52위(位)를 드러냅니다.

이 가운데 가장 위의 문양은 '일월문'으로, 최고의 의미를 드러내는 문양이며, 불보살님의 상호제작 시 보관(寶冠)에도 나타나는 문양입니다. 화엄법계화는『화엄경』을 바탕으로 하는 불공 법회에 진설하는 지화입니다.

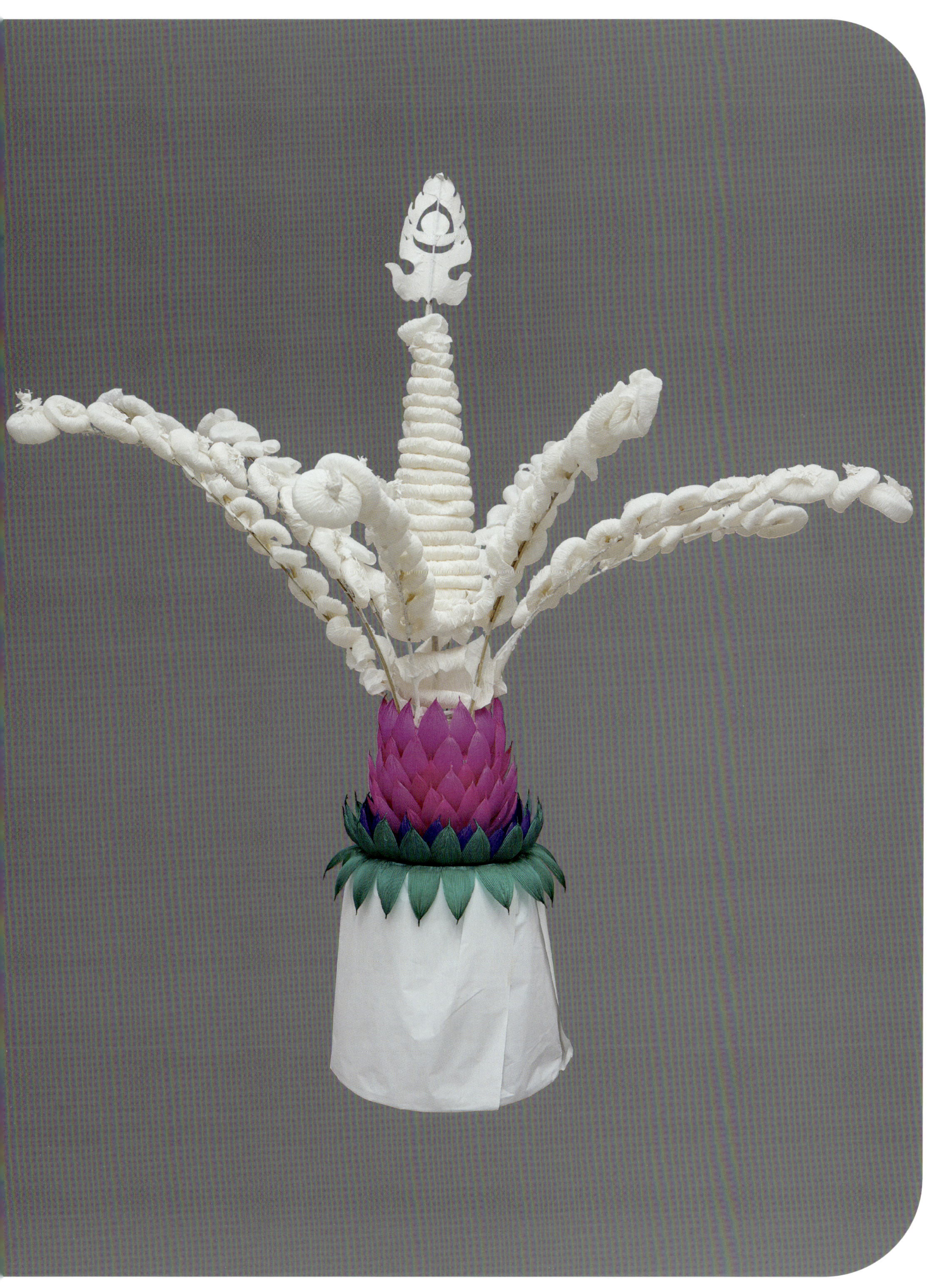

여래(如來)의 마음! 땅설법지화(紙花)

범천청법화(梵天請法花)

부처님께서 성도하시고, 사바 중생들을 위해 설법할지 열반에 들지를 생각하고 계실 때 범천왕이 부처님 전에 연꽃 3송이를 바칩니다. 한 송이는 활짝 핀 꽃, 한 송이는 반만 핀 꽃, 한 송이는 뿌리만 있는 연잎입니다.

뿌리만 있는 연꽃 뿌리는 아직 부처님과 인연은 없으나 불성이 있음을 드러내고, 반만 핀 연꽃은 부처님께서 제도해 주시기를 기다리며 준비를 마친 이들로 화엄성중 같은 분들입니다. 활짝 핀 연꽃은 이미 다른 인연으로 피어난 이들, 즉 보현보살과 같은 분들을 나타내며 범천왕이 부처님께 법을 청한다는 것을 의미합니다.

'세주묘엄품(世主妙嚴品)' 강설이나 범천청법무(梵天請法舞) 작법 등『화엄경』의례법회의 주요 지화입니다.

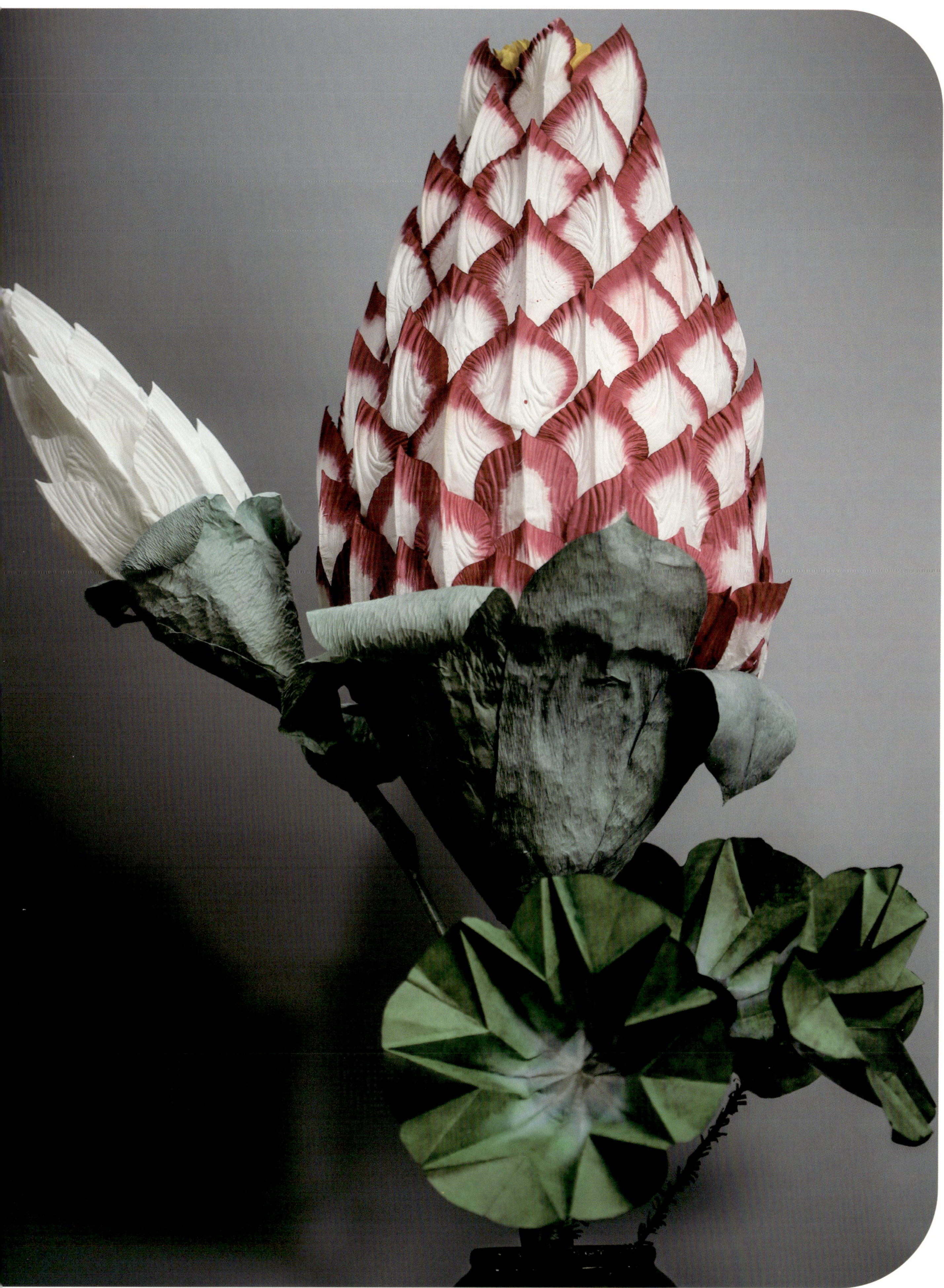

여래(如來)의 마음! 땅설법지화(紙花)

영락화(瓔珞花)

『보살영락본업경(菩薩瓔珞本業經)』은 대승불교의 경전입니다. 보살의 본업인 수행과 그에 따라 증득하는 결과 또는 과보를 설한 경전입니다.

영락(瓔珞)은 보석 구슬을 꿰어서 만든 귀중품으로 『대방등대집경(大方等大集經)』 '다라니자재왕보살품'에는 계, 삼매, 지혜, 다라니를 사용하여 보살의 영락 장엄을 만든다고 합니다. 따라서 영락이란 부처님과 보살님의 가르침을 나타냅니다.

『보살영락본업경』에서 특히 강조하는 점은 본무사상(本無思想)과 본정사상(本淨思想)입니다. 본무사상이란 본래 아무것도 없다는 이치를 설법하여 무소유 · 무집착의 행을 닦게 하는 것입니다. 본정사상이란 중생이 본래 청정하여 중생 자체가 부처라는 것입니다. 이처럼 보살 영락의 의미를 드러내는 지화가 영락화입니다.

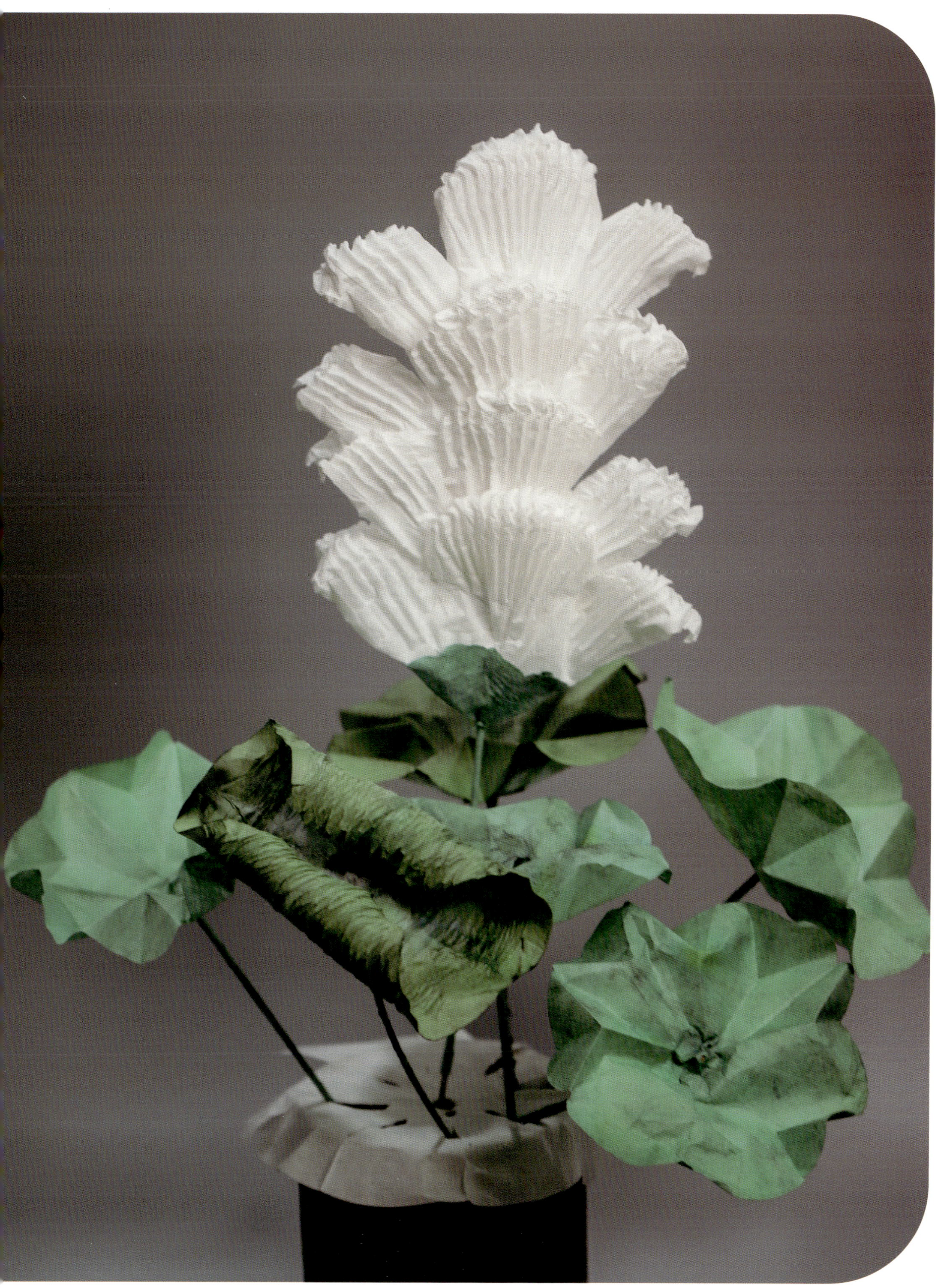

여래(如來)의 마음! 땅설법지화(紙花)

적멸화(寂滅花)

『법화경』게송에서 다음과 같이 일렀습니다.

제법종본래(諸法從本來) 상자적멸상(常自寂滅相)

불자행도이(佛子行道已) 래세득작불(來世得作佛)

"모든 있는 것들이 있는 그대로가 부처님상이니,

불자가 이 도리를 깨닫기만 하면, 부처를 이룬다."

『열반경』게송에서 다음과 같이 일렀습니다.

제행무상(諸行無常) 시생멸법(是生滅法)

생멸멸이(生滅滅已) 적멸위락(寂滅爲樂)

"세상의 모든 것은 무상하다. 이것은 났다(生)가 사라지는(滅) 법이다.

태어나고 죽는 생멸(生滅)이 없어진 자리에, 적멸(寂滅)은 그대로 즐거움이다."

적멸을 나타내는 '니르바나(nirvana)'는 '불이 꺼진 상태'를 의미하는 산스크리트어입니다. 한자음으로 표시하면 '열반(涅槃)', 뜻으로 이해하면 '적멸(寂滅)'입니다. 불교에서는 모든 번뇌가 사라진 상태를 말합니다. 번뇌와 미혹을 벗어나 고요의 경지로 들어갔다는 의미도 됩니다. 생사의 큰 근심이 영원히 소멸했다는 뜻입니다. 따라서 적멸화는 『법화경』이나 『열반경』을 소의경전으로 하는 법회나 의례에 장엄합니다.

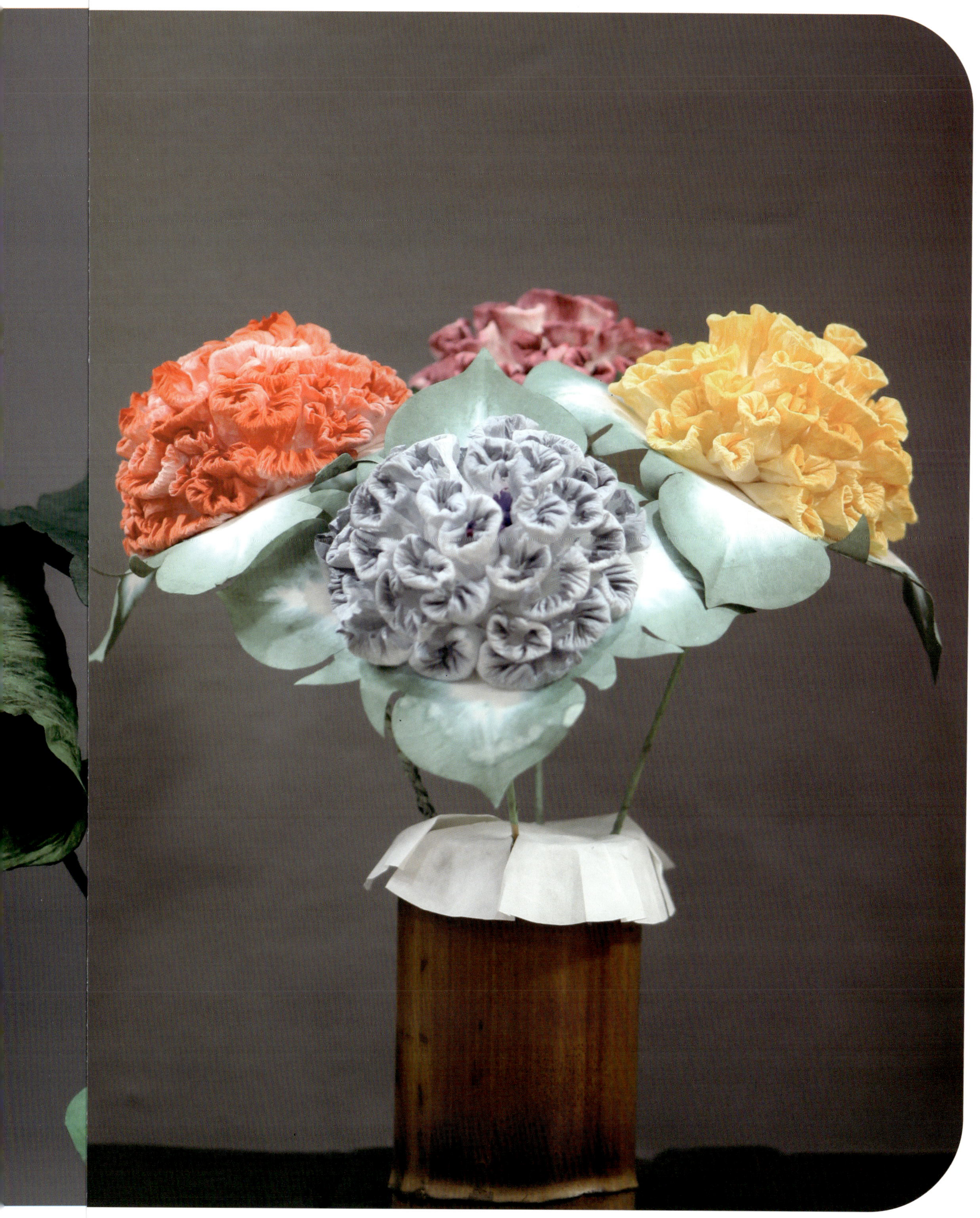

여래(如來)의 마음! 땅설법지화(紙花)

오지여래화(五智如來花)

만다라에는 위치에 따라 다섯 분의 부처님을 모십니다. 다섯 부처님은 불부, 금강부, 보부, 연화부, 갈마부의 각 부를 대표합니다. 선정(禪定)에 들어 계신 오선정불(五禪定佛)이며, 동서남북 중앙 다섯 방위를 상징하여 오방불(五方佛)이며, 다섯 가지 지혜를 증명하는 오지불(五智佛)·오지여래불(五智如來)입니다.

금강계 만다라의 오불은 금강계만다라팔엽연대(金剛界曼茶羅八葉蓮臺)의 중앙에 비로자나불을 모시고, 동쪽에 아촉불(阿閦佛), 서쪽에 아미타불, 남쪽에 보생불(寶生佛), 북쪽에 불공성취불을 모십니다.

비로자나불(毘盧遮那佛)은 불부(佛部)를 대표하며 중앙에 계십니다. 불부는 흰색입니다. 무명의 어리석음을 지혜로 전환하여 얻는 법계체성지(法界體性智)를 뜻합니다.

부동아촉불(不動阿閦佛)은 금강부(金剛部)를 대표하며 동쪽에 계십니다. 동쪽 금강부는 푸른 청색입니다. 강한 분노(嗔)를 지혜로 전변(轉變)하여 대원경지(大圓鏡智) 깨달음을 얻음을 상징합니다.

극락정토를 만드신 아미타불(阿彌陀佛)은 연화부(蓮華部)인 서쪽 극락정토에 계시며 연화부는 붉은색입니다. 탐욕(貪慾)의 어리석음을 지혜로 전변하는 묘관찰지(妙觀察智) 깨달음을 뜻합니다.

남쪽을 관장하시는 보생불(寶生佛)은 보부(寶部)를 대표합니다. 보부는 노란색입니다. 남을 업신여기는 아만(我慢)을 보리심을 통해 지혜로 전변하여 평등성지(平等性智) 깨달음을 얻는 것을 뜻합니다.

불공성취불(不空成就佛)은 북쪽 갈마부(羯磨部)를 대표하시며 모든 중생이 깨달음을 얻는 것을 돕습니다. 석가모니 부처님께서도 갈마부에 속하십니다. 그런 연고로 전법수인(傳法手印)을 하고 계십니다.

갈마부는 생명이 자라는 녹색으로 표시됩니다. 어리석음(恥)을 지혜로 전변하여 성소작지(成所作智) 깨달음을 얻는 것을 뜻합니다.

태장계만다라의 오불은 태장계만다라중대팔엽원(胎藏界曼茶羅中臺八葉院)의 중앙에 대일여래, 동쪽에 보당불(寶幢佛), 서쪽에 무량수불(無量壽佛), 남쪽에 개부화왕불(開敷華王佛), 북쪽에 천고뢰음불(天鼓雷音佛)을 모십니다.

이러한 오불을 상징하는 지화 다섯 송이를 만들어 난등(위치에 맞게 배열하여 모양을 만드는 일)을 칩니다. 오지여래화의 특징은 자르거나 붙이지 말고 닫집과 광배, 좌대를 한 장의 한지로 만들어야 합니다. 대일여래경이나 금강정경 등의 경을 설법할 때 설단합니다. 불상이나 탱화가 없는 장소에서 불공을 드릴 경우에도 설단합니다.

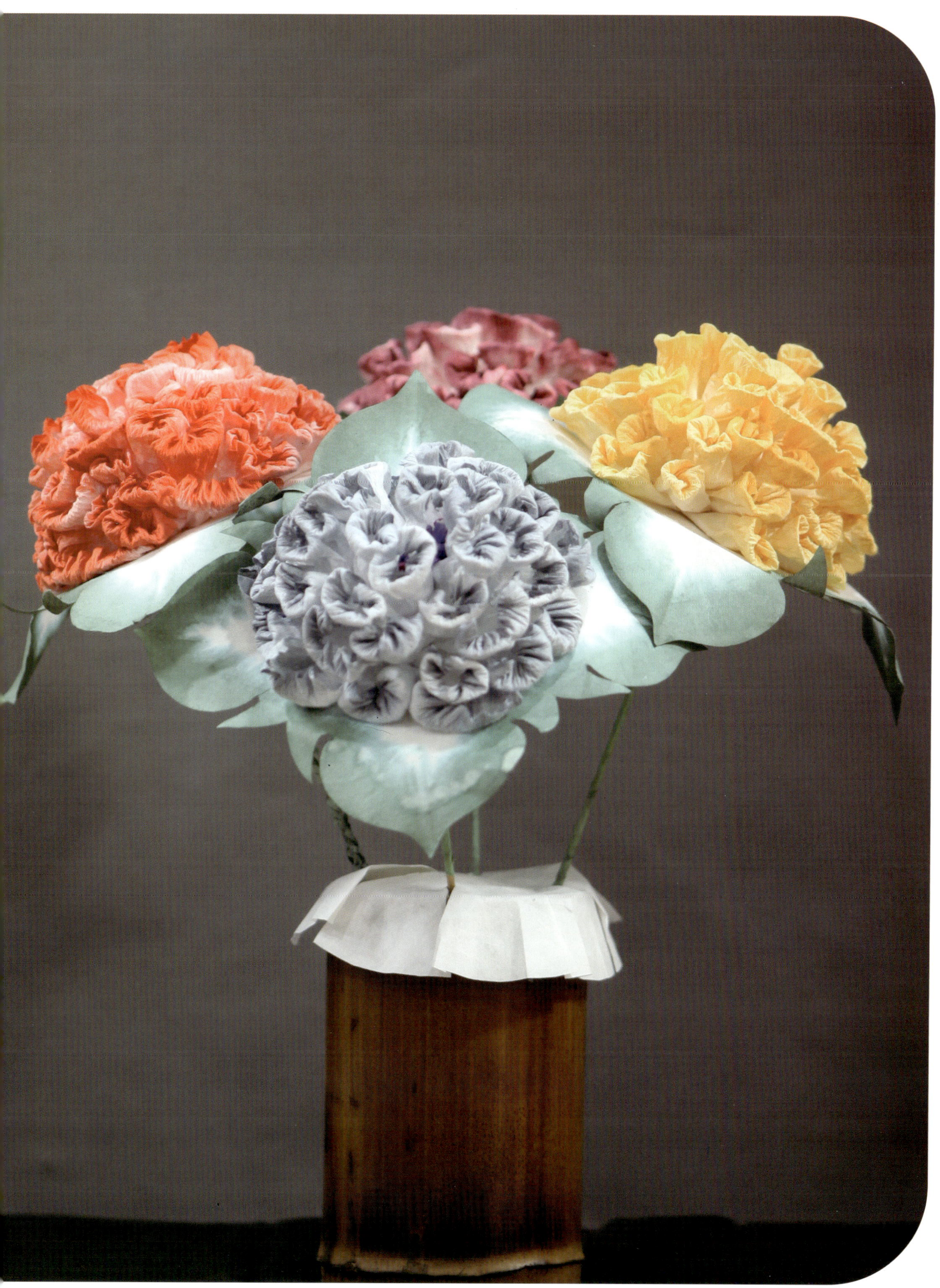

여래(如來)의 마음! 땅설법지화(紙花)

능엄화(楞嚴花)

『능엄경(楞嚴經)』게송에 다음과 같이 일렀습니다.

실제이지(實際理地) 불수일진(不受一塵)

불사문중(佛事門中) 불사일법(不捨一法)

"실질적인 진리 자리에는 먼지 하나도 받아들이지 않지만,

중생을 교화하는 부분에서는 한 법도 버려서는 안 된다."

『능엄경』에서 설명하는 교법(教法), 도리(道理), 수행(修行), 불과(佛果)의 근간이 되는 사상은 여래장(如來藏) 사상입니다. 여래장이란 '여래의 씨앗을 보관하고 있는 창고'를 의미합니다. 일체중생에게는 깨달음을 이룰 수 있는 불성이 갖추어져 있으므로, '본연의 자성청정심을 가리는 객진번뇌(客塵煩惱)의 망념을 제거하면 바로 청정한 자성이 나타난다'고 합니다.

게송에서 말하는 실제이지(實際理地)란 진리의 본체를 말합니다. 진리의 본체란 공적한 자리입니다. 따라서 진실만 취하려다 보면, 실은 아무것도 붙들 것이 없고 받아들일 만한 것이 없습니다. 따라서 불수일진(不受一塵), 즉 먼지 하나 필요한 것이 없습니다. 그러나 불사(佛事)란 중생을 제도하는 일입니다. 중생은 다양한 성품을 지녔고 우리의 일상사 모두가 불사이므로 어떠한 법도 버릴 것이 없다는 의미입니다.

능엄화는 화엄경 류의 의례나 『능엄경』 칠처징심 연극에서 사용되는 지화로, 흰색 한지를 사용하여 만듭니다.

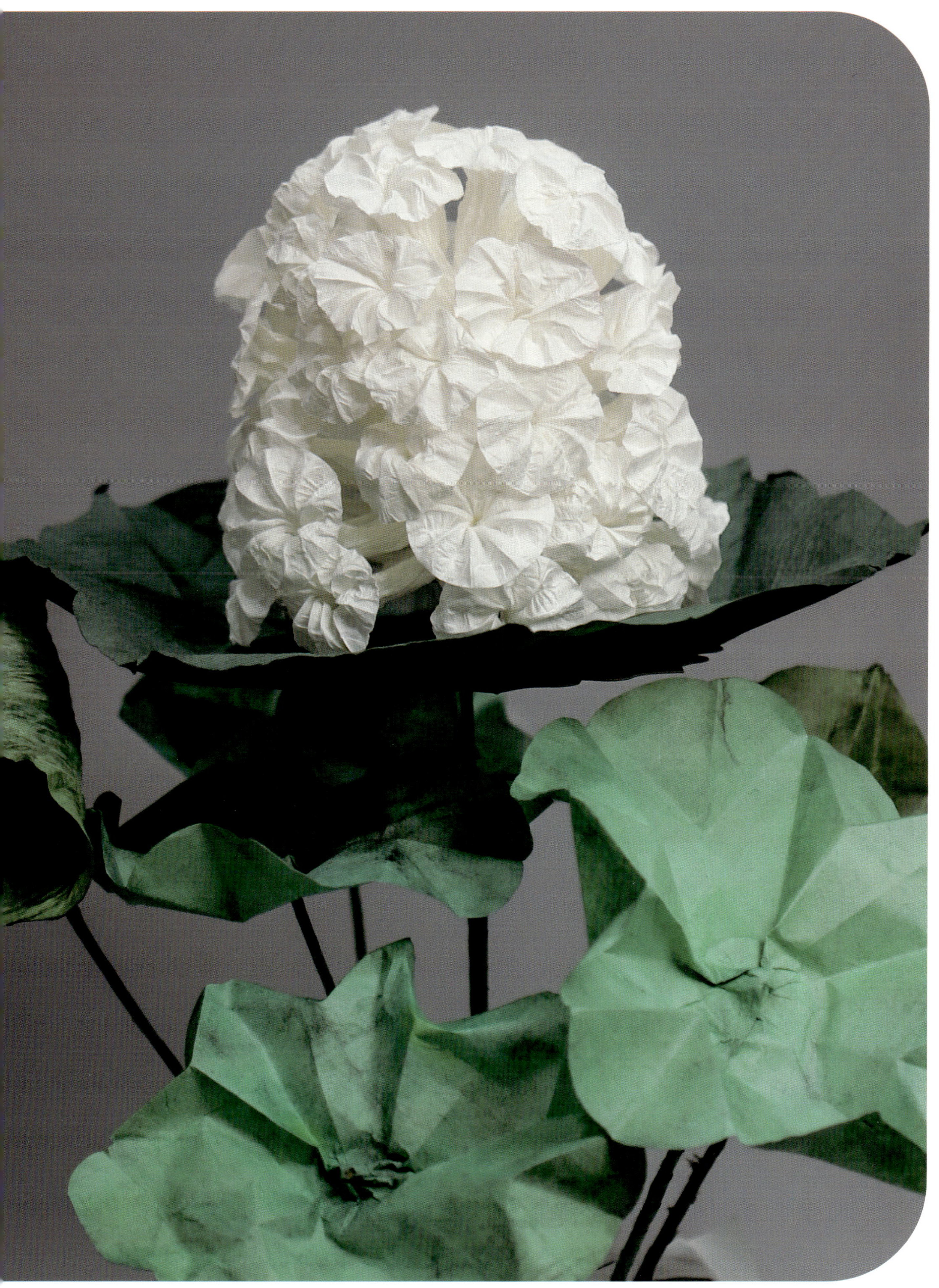

여래(如來)의 마음! 땅설법지화(紙花)

오지여래화(五智如來花)

만다라에는 위치에 따라 다섯 분의 부처님을 모십니다. 다섯 부처님은 불부, 금강부, 보부, 연화부, 갈마부의 각 부를 대표합니다. 선정(禪定)에 들어 계신 오선정불(五禪定佛)이며, 동서남북 중앙 다섯 방위를 상징하여 오방불(五方佛)이며, 다섯 가지 지혜를 증명하는 오지불(五智佛)·오지여래불(五智如來)입니다.

금강계 만다라의 오불은 금강계만다라팔엽연대(金剛界曼茶羅八葉蓮臺)의 중앙에 비로자나불을 모시고, 동쪽에 아촉불(阿閦佛), 서쪽에 아미타불, 남쪽에 보생불(寶生佛), 북쪽에 불공성취불을 모십니다.

비로자나불(毘盧遮那佛)은 불부(佛部)를 대표하며 중앙에 계십니다. 불부는 흰색입니다. 무명의 어리석음을 지혜로 전환하여 얻는 법계체성지(法界體性智)를 뜻합니다.

부동아촉불(不動阿閦佛)은 금강부(金剛部)를 대표하며 동쪽에 계십니다. 동쪽 금강부는 푸른 청색입니다. 강한 분노(瞋)를 지혜로 전변(轉變)하여 대원경지(大圓鏡智) 깨달음을 얻음을 상징합니다.

극락정토를 만드신 아미타불(阿彌陀佛)은 연화부(蓮華部)인 서쪽 극락정토에 계시며 연화부는 붉은색입니다. 탐욕(貪慾)의 어리석음을 지혜로 전변하는 묘관찰지(妙觀察智) 깨달음을 뜻합니다.

남쪽을 관장하시는 보생불(寶生佛)은 보부(寶部)를 대표합니다. 보부는 노란색입니다. 남을 업신여기는 아만(我慢)을 보리심을 통해 지혜로 전변하여 평등성지(平等性智) 깨달음을 얻는 것을 뜻합니다.

불공성취불(不空成就佛)은 북쪽 갈마부(羯磨部)를 대표하시며 모든 중생이 깨달음을 얻는 것을 돕습니다. 석가모니 부처님께서도 갈마부에 속하십니다. 그런 연고로 전법수인(傳法手印)을 하고 계십니다.

갈마부는 생명이 자라는 녹색으로 표시됩니다. 어리석음(恥)을 지혜로 전변하여 성소작지(成所作智) 깨달음을 얻는 것을 뜻합니다.

태장계만다라의 오불은 태장계만다라중대팔엽원(胎藏界曼茶羅中臺八葉院)의 중앙에 대일여래, 동쪽에 보당불(寶幢佛), 서쪽에 무량수불(無量壽佛), 남쪽에 개부화왕불(開敷華王佛), 북쪽에 천고뢰음불(天鼓雷音佛)을 모십니다.

이러한 오불을 상징하는 지화 다섯 송이를 만들어 난등(위치에 맞게 배열하여 모양을 만드는 일)을 칩니다. 오지여래화의 특징은 자르거나 붙이지 말고 닫집과 광배, 좌대를 한 장의 한지로 만들어야 합니다. 대일여래경이나 금강정경 등의 경을 설법할 때 설단합니다. 불상이나 탱화가 없는 장소에서 불공을 드릴 경우에도 설단합니다.

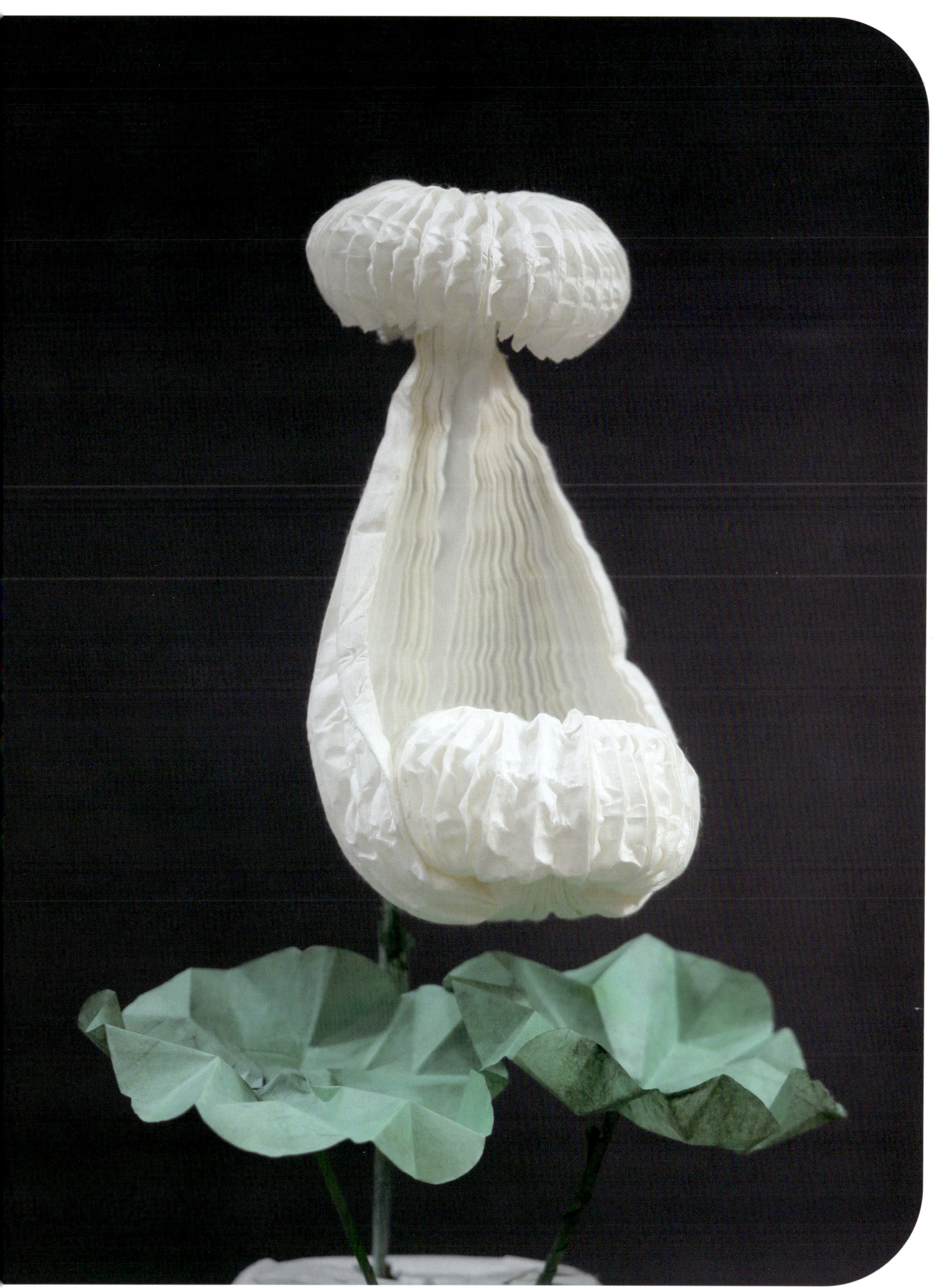

여래(如來)의 마음! 땅설법지화(紙花)

여래화(如來花)

괘불이나 불상 등을 봉안하기 어려운 여건에서 불공할 때는 번(幡)만 걸고 할 수도 있지만, 지화로 장엄할 경우 총 15송이로 난등을 칩니다. 중방은 비로자나불 동방은 약사불 서방은 아미타불남방은 보승여래불 북방은 부동존불을 상징하며 각각의 부처님의 협시보살을 두 분씩 상정하여 총 15송이를 난등 칩니다.

여래화는 2가지가 있는데, 복련화 꽃잎 위에 부처님이나 보살의 형상을 오려서 봉안한 형상이나, 오지여래화의 닫집 없는 형태인 광배 좌대만 있는 형상으로 조성합니다. 환자의 집에 가서 구병시식(救病施食)을 할 경우, 복련화 꽃잎 위에 부처님이나 보살의 형상여래화를 설단하고 의례를 합니다.

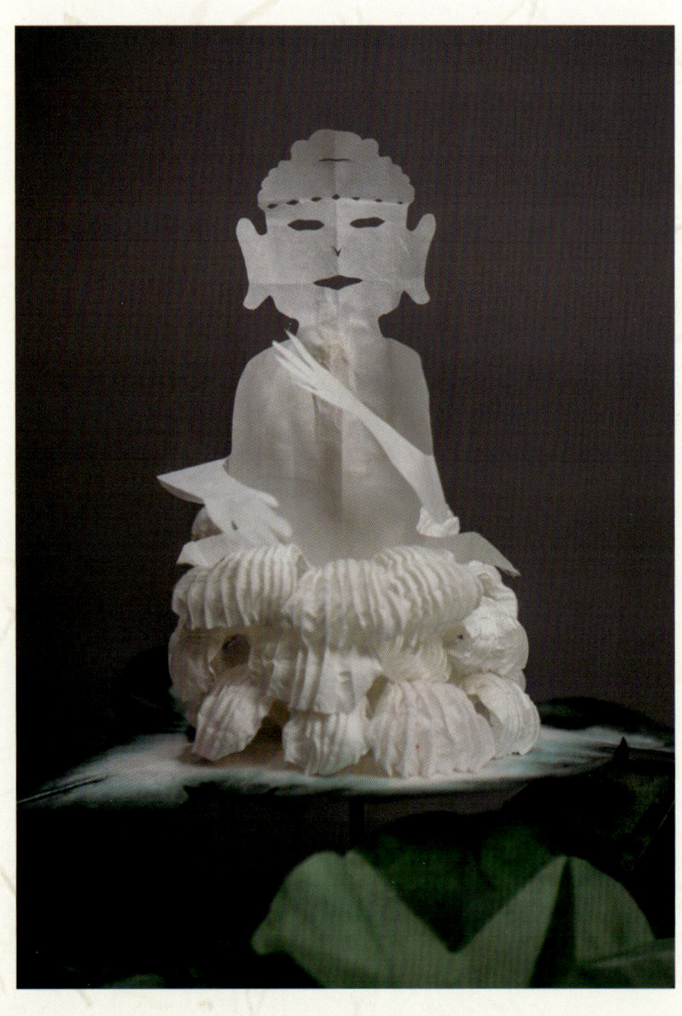

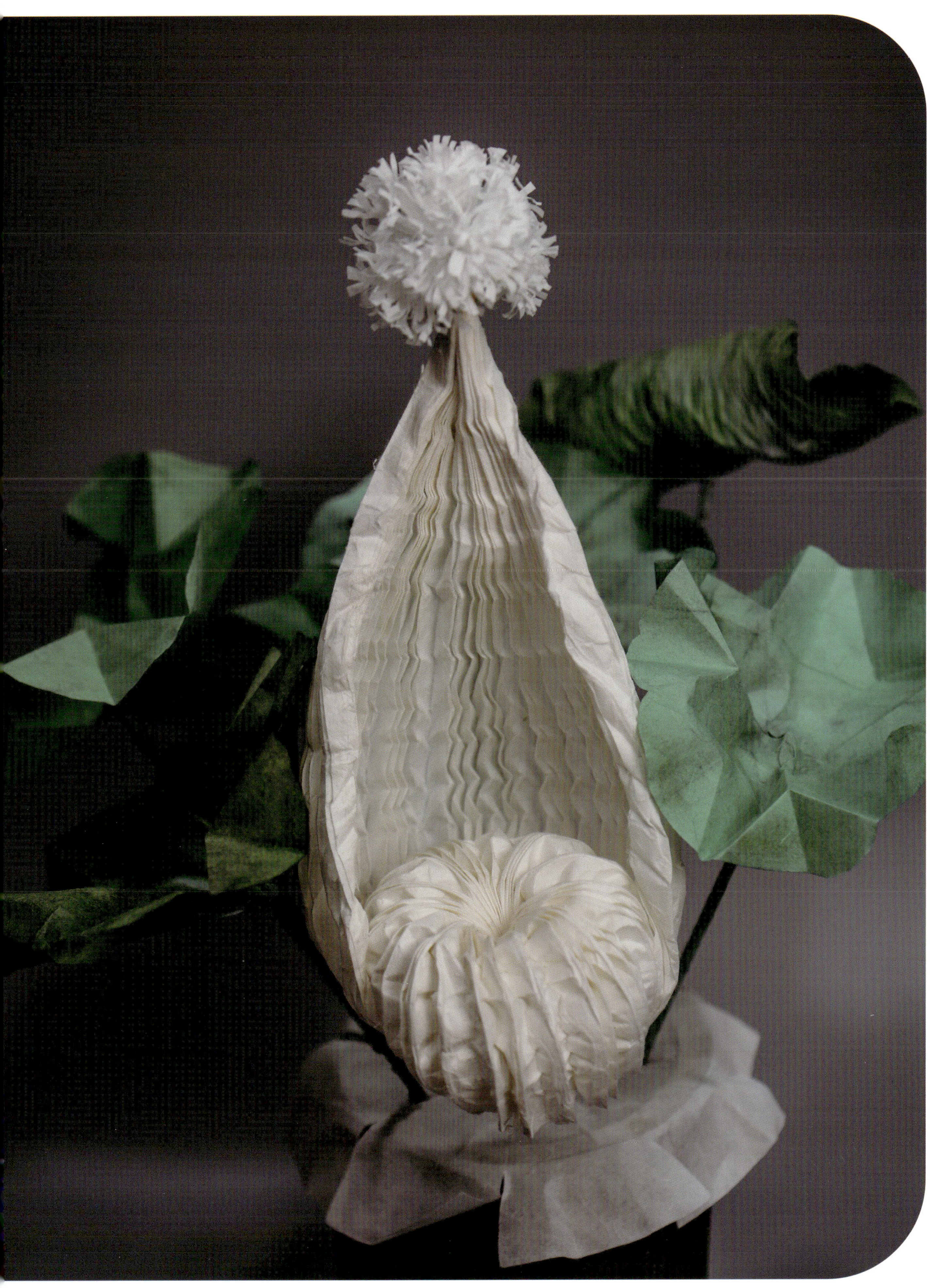

여래(如來)의 마음! 땅설법지화(紙花)

반야화(般若花)

금강반야, 마하반야. 대반야 등에서 '반야'라는 용어가 쓰입니다. 반야는 공(空)을 관함으로써 나타나는 지혜이며, 공은 아공(我空)과 법공(法空)의 2공(二空)으로 설명됩니다. 아공은 인간은 색(色)·수(受)·상(想)·행(行)·식(識)의 다섯 가지 요소가 임시로 결합해 이루어진 오온가화합(五蘊假和合)의 존재로서, 나(我)라고 주장할 만한 영원한 실체가 존재하지 않으므로 공이라고 합니다. 법공은 오온 등 법의 근거가 공함을 뜻합니다.

반야는 지혜로 번역하고, 제법의 실상이 공임을 아는 것입니다. 이러한 앎에서 모든 번뇌가 소멸하여 열반을 증득함과 동시에 전면적으로 드러나는 진여의 무분별지(無分別智)인 정견(正見)을 뜻합니다.

반야, 즉 지혜를 얻기 위해 설법하는 경전이 『반야경』인데, 이를 상징적으로 만든 지화가 반야화입니다. 흰색으로 만들며 한 장의 종이로 만듭니다. 법기보살님 전에 공양 올리는 법기보살청(法起菩薩請)을 할 때 올립니다.

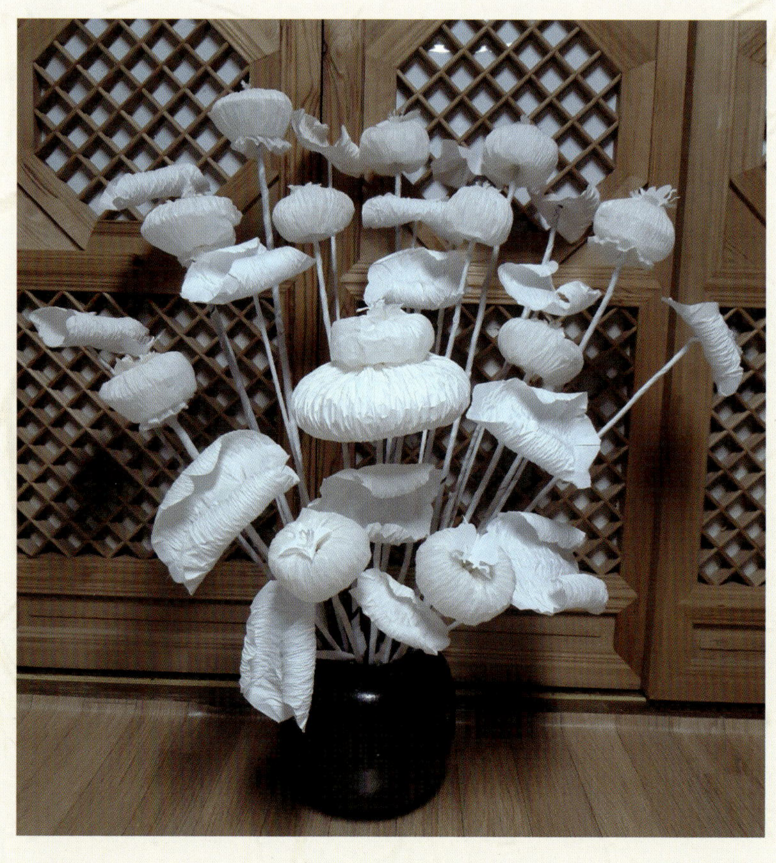

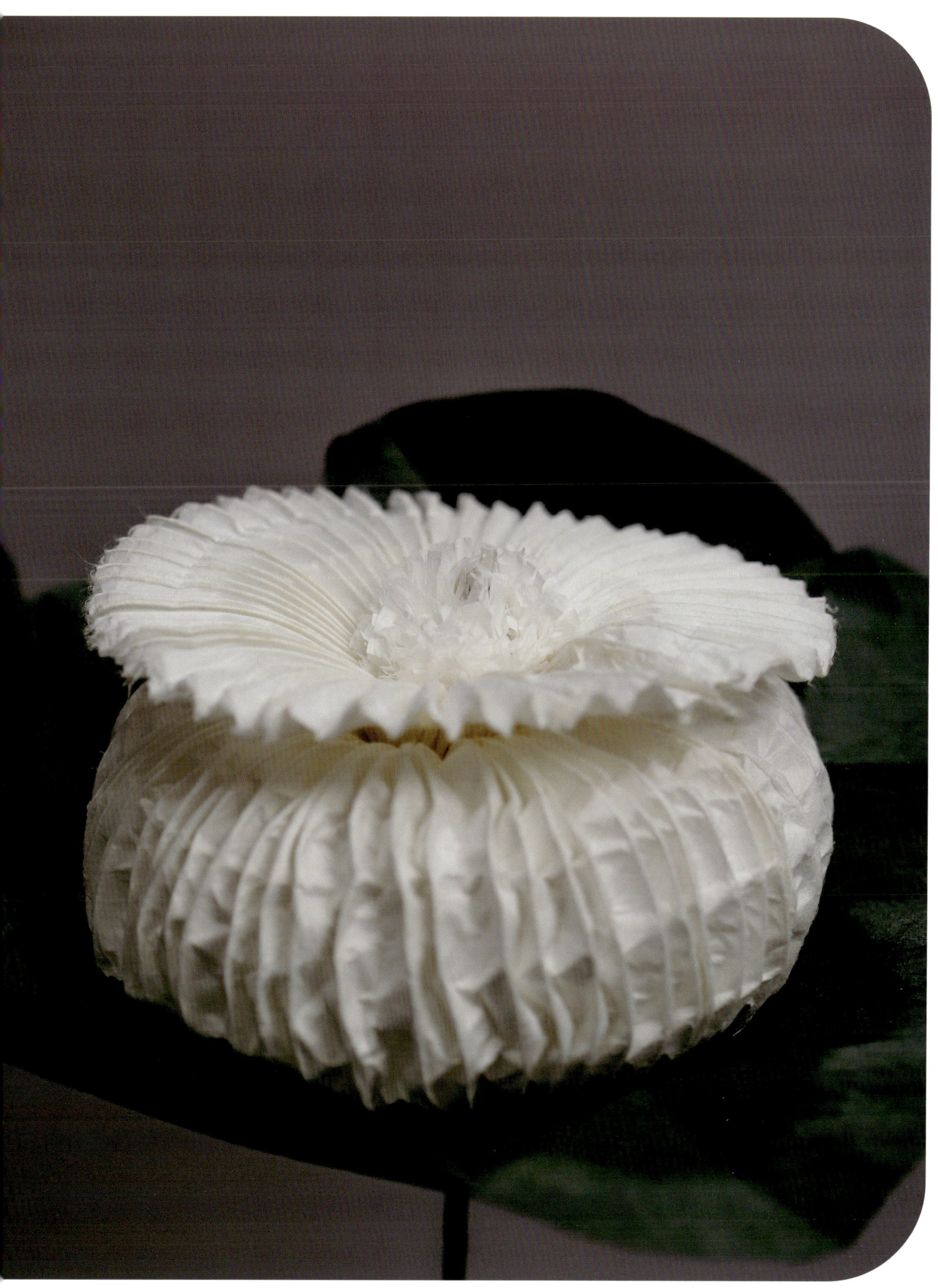

여래(如來)의 마음! 땅설법지화(紙花)

불과화(佛果花)

과위(果位)는 수행으로 증득한 결과로서 불위(佛位), 즉 부처님의 지위·경지 또는 계위를 말합니다.

'부처라는 결과'라 하여 불과(佛果)라고도 하며, '불과로서 가지는 깨달음'이라 하여 불과보리(佛果菩提)라고도 합니다. '부처의 상태를 이루었다'는 의미인 성불(成佛)과도 같은 뜻입니다. 수행을 원인으로 하여 깨달음이라는 결과가 지극히 완전하게 이루어졌다는 뜻에서 과극(果極)이라고도 합니다. 한 장의 흰색 한지를 접어서 불과화를 만듭니다.

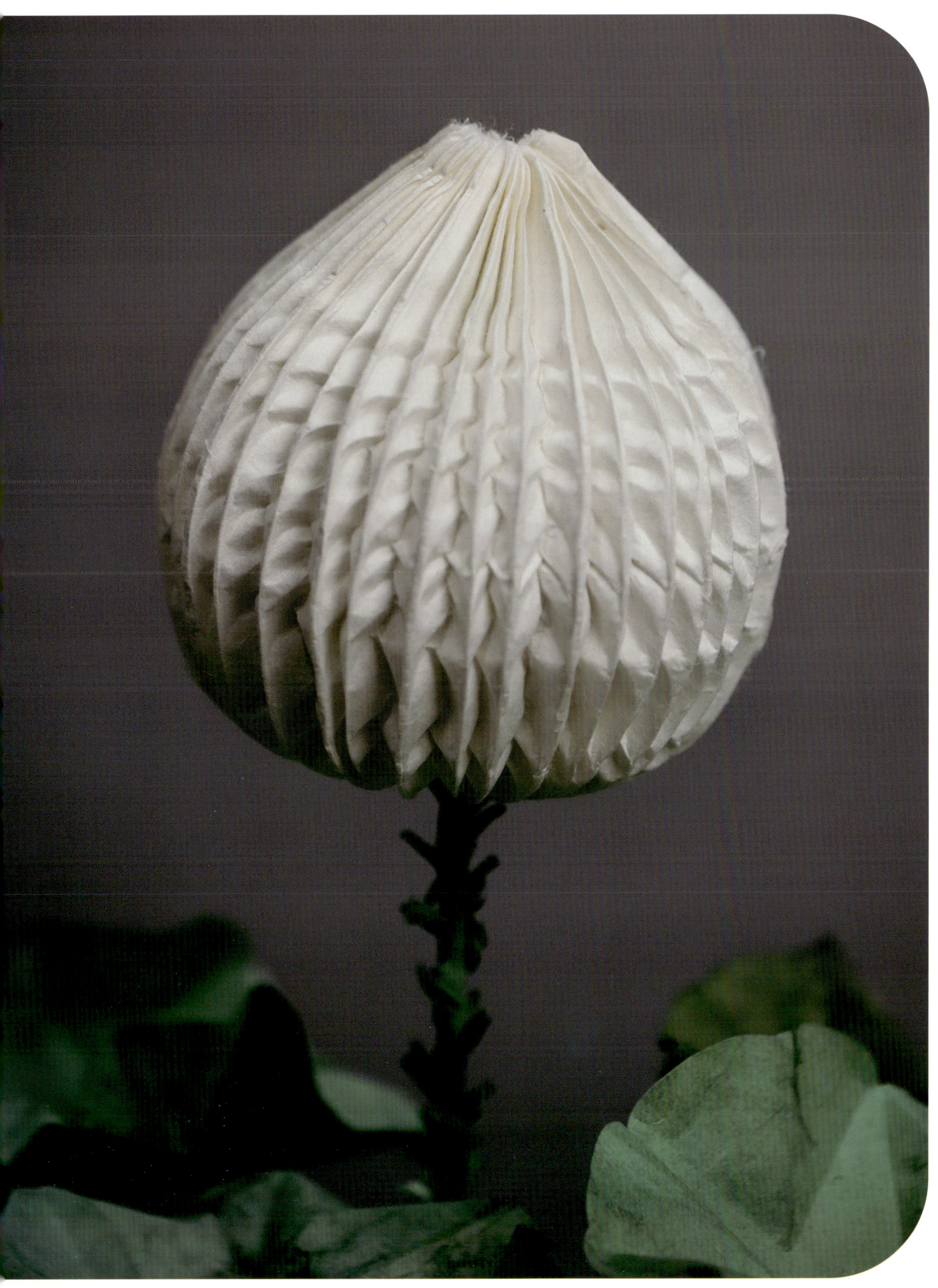

여래(如來)의 마음! 땅설법지화(紙花)

금강화(金剛花)

『금강경』 사구게에 다음과 같이 일렀습니다.
1. 범소유상 개시허망 약견제상비상 즉견여래
(凡所有相 皆是虛妄 若見諸相非相 卽見如來)
무릇 상이 있는 것은 모두 다 허망하니,
만약 모든 상이 상 아님을 본다면, 곧 여래를 보느니라.

2. 불응주색생심 불응주성향미촉법생심 응무소주 이생기심
(不應住色生心 不應住聲香味觸法生心 應無所住 而生其心)
응당히 색에 머물러 마음을 내지 말고,
성향미촉법에 머물러 마음을 내지 말고,
응당히 머문 바 없이 그 마음을 낼지니라.

3. 약이색견아 이음성구아 시인행사도 불능견여래
(若以色見我 以音聲求我 是人行邪道 不能見如來)
만약 색으로써 나를 보거나, 음성으로써 나를 구한다면,
이 사람은 삿된 도를 행할 뿐, 여래를 볼 수 없느니라.

4. 일체유위법 여몽환포영 여로역여전 응작여시관
(一切有爲法 如夢幻泡影 如露亦如電 應作如是觀)
일체의 유위법이 꿈 같고, 환영 같고, 거품 같고, 그림자와 같고, 이슬과 같고,
또한 번개와 같으니 응당 이같이 관할지니라.

'금강'은 산스크리트어 '바즈라체디까(Vajracchedik)'를 뜻으로 풀어 해석한 것으로, '바즈라(Vajra)와 같이 강한 힘으로 절단하는 것'이라는 의미입니다. 바즈라는 벼락을 뜻하기도 합니다. 따라서 한자로는 『금강경』을 '벽력경(霹靂經)'으로 옮길 수도 있습니다. '금강반야바라밀경'이란 제목의 뜻은 '마음속의 분별, 집착, 번뇌 등을 부수고 깨달음으로 이끄는 강력한 지혜의 경'입니다.
불교에서는 '모든 번뇌를 자를 수 있는 지혜의 상징'을 금강, 금강저로 나타내기도 합니다. 이에 따르면 금강경은 '어떤 번뇌도 능히 깨뜨려 없앨 수 있는 금강과 같은 지혜의 경전'입니다. 금강경의 가르침을 드러내는 금강화는 금강저의 모습입니다.

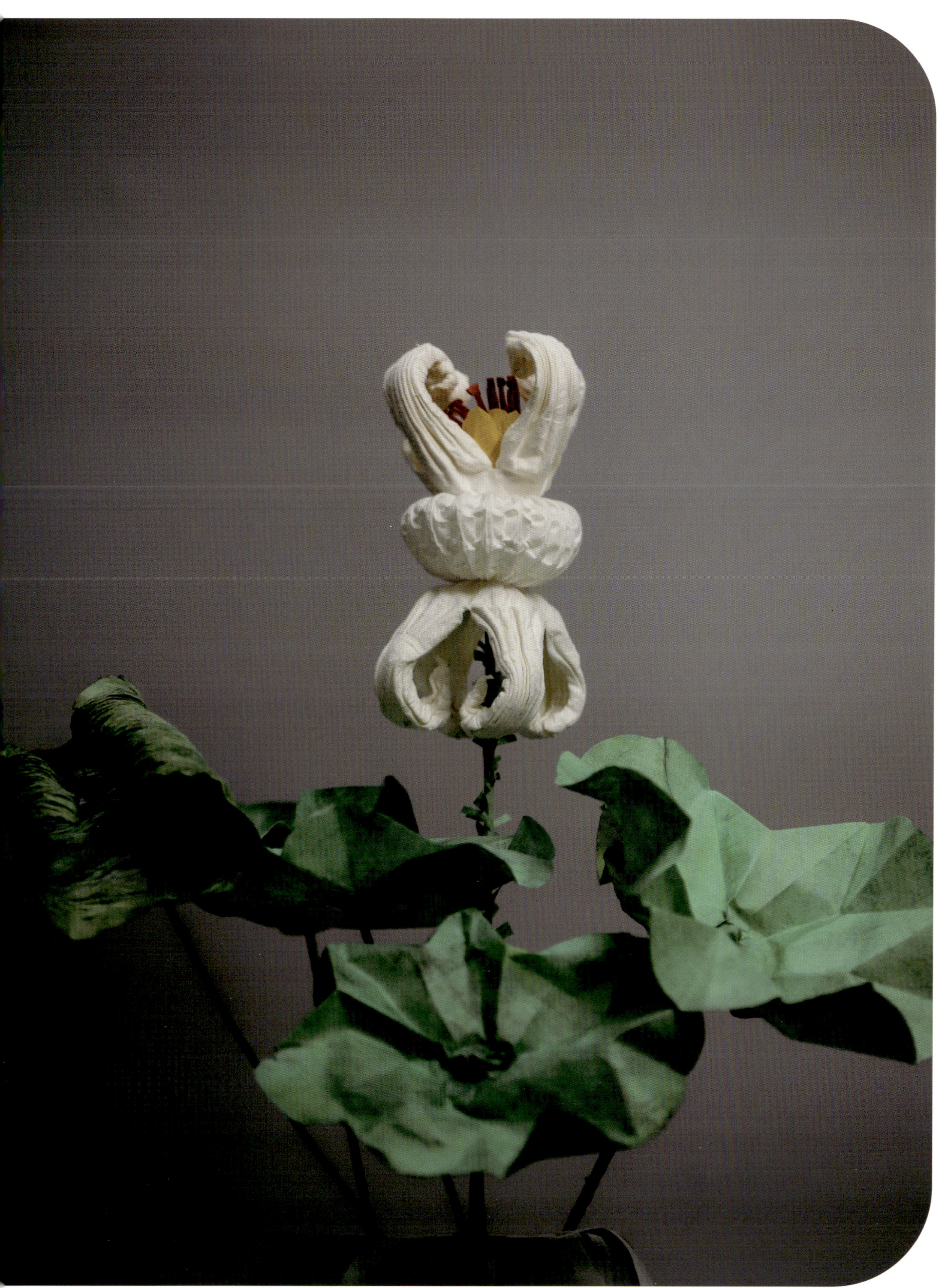

여래(如來)의 마음! 땅설법지화(紙花)

왕생화(往生花)

『화엄경』보현행원품 왕생게에 다음과 같이 일렀습니다.

願我臨欲命終時(원아임욕명종시) 盡除一切諸障礙(진제일체제장애)
面見彼佛阿彌陀(면견피불아미타) 卽得往生安樂刹(즉득왕생안락찰)
我旣往生彼國已(아기왕생피국이) 現前成就此大願(현전성취차대원)
一切圓滿盡無餘(일체원만진무여) 利樂一切衆生界(이락일체중생계)
彼佛衆會咸淸淨(피불중회함청정) 我時於勝蓮華生(아시어승연화생)
親覩如來無量光(친도여래무량광) 現前授我菩提記(현전수아보리기)
蒙彼如來授記已(몽피여래수기이) 化身無數百俱胝(화신무수백구지)
智力廣大徧十方(지력광대변시방) 普利一切衆生界(보리일체중생계)

"나의 목숨 마칠 때에 모든 장애 없어지고
아미타 부처님을 만나 뵙고 극락왕생하기 원이로다
극락세계 태어나서 이 큰 소원 모두 이루니
모든것이 원만하여 일체의 중생들을 이익되고 기쁘게 하리라.
부처님 전 모인 대중 모두가 청정하니 나는 이때 연꽃 위에 태어나서
부처님의 무량광을 직접보고 보리수기 받으리라.
부처님의 보리수기 받고 나서 수많은 변화신을 나타내어
넓고 큰 지혜의 힘을 시방세계에 두루하여 일체중생 널리 이익주리라."
『안락국태자경』원왕게(願往偈)에 다음과 같이 일렀습니다.

원왕생 원왕생 왕생극락견미타 획몽마정수기별
원왕생 원왕생 원재미타회중좌 수집향화상공양
원왕생 원왕생 왕생화장연화계 자타일시성불도
願往生 願往生 往生極樂見彌陀 獲蒙摩頂受記別
願往生 願往生 願在彌陀會中坐 手執香華常供養
願往生 願往生 往生華藏蓮華界 自他一時成佛道
원일레라 원일레라
극락세계에 태어나서 아미타불을 뵙고 수기 받기 원일레라.
원일레라 원일레라
아미타불 설법하는 법회중에 함께하고 꽃과 향을 공양하기 원일레라.
원일레라 원일레라
화장세계 연화계에 태어나서 나와 남들 일시에 성불하기 원일레라.

내가 공덕을 지어 복을 짓고, 지은 복을 회향하여 널리 중생들을 이익되게 하여 함께 성불하는 것이 수행입니다. 이러한 수행으로 일체중생을 더불어 극락세계로 인도하는 것을 상징하는 꽃입니다. 천도재나『정토삼부경』강설 때 사용하는 지화입니다.

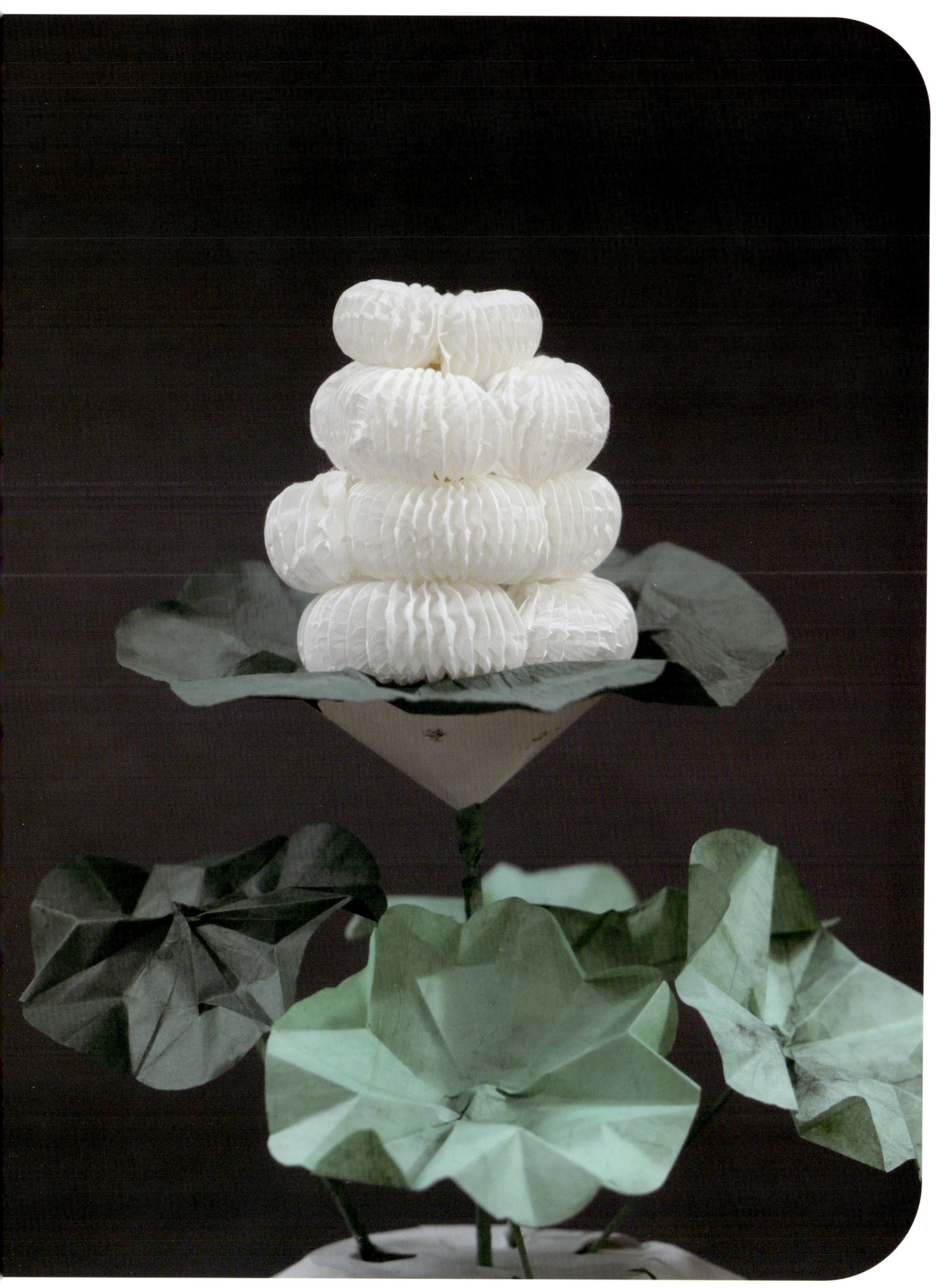

여래(如來)의 마음! 땅설법지화(紙花)

정토화(淨土花)

사바세계와 같이 오탁(五濁)의 더러움이 있는 곳을 예토(穢土)라고 하며, 이러한 더러움이 없는 국토를 정토라고 합니다. 불국정토(佛國淨土)는 부처님이 계시는 깨끗한 국토를 의미합니다. 여러 정토가 있지만, 『무량수경』에 아미타불이 계시는 극락세계는 일체중생을 위한 사십팔대원으로 구성되었다고 설하십니다.

『관무량수경』에서는 일상관(日想觀)·수상관(水想觀)·지상관(地想觀)·보수관(寶樹觀)·보지관(寶池觀)·보루관(寶樓觀)의 의보장엄(依報莊嚴), 화좌관(華座觀)·상상관(像想觀)·진신관(眞身觀)·관음관(觀音觀)·세지관(勢至觀)·보관(普觀)·잡상관(雜想觀)·상배관(上輩觀)의 상품삼생, 중배관(中輩觀)의 중품삼생, 하배관(下輩觀)의 하품삼생의 정보장엄(正報莊嚴)으로 이루어져 있다고 하였습니다. 『아미타경』에서는 극락의 의보장엄과 정보장엄을 설명하십니다. 이러한 극락정토의 장엄을 상징하는 지화가 정토화입니다. 왕생화와 쌍을 이루어 사용됩니다.

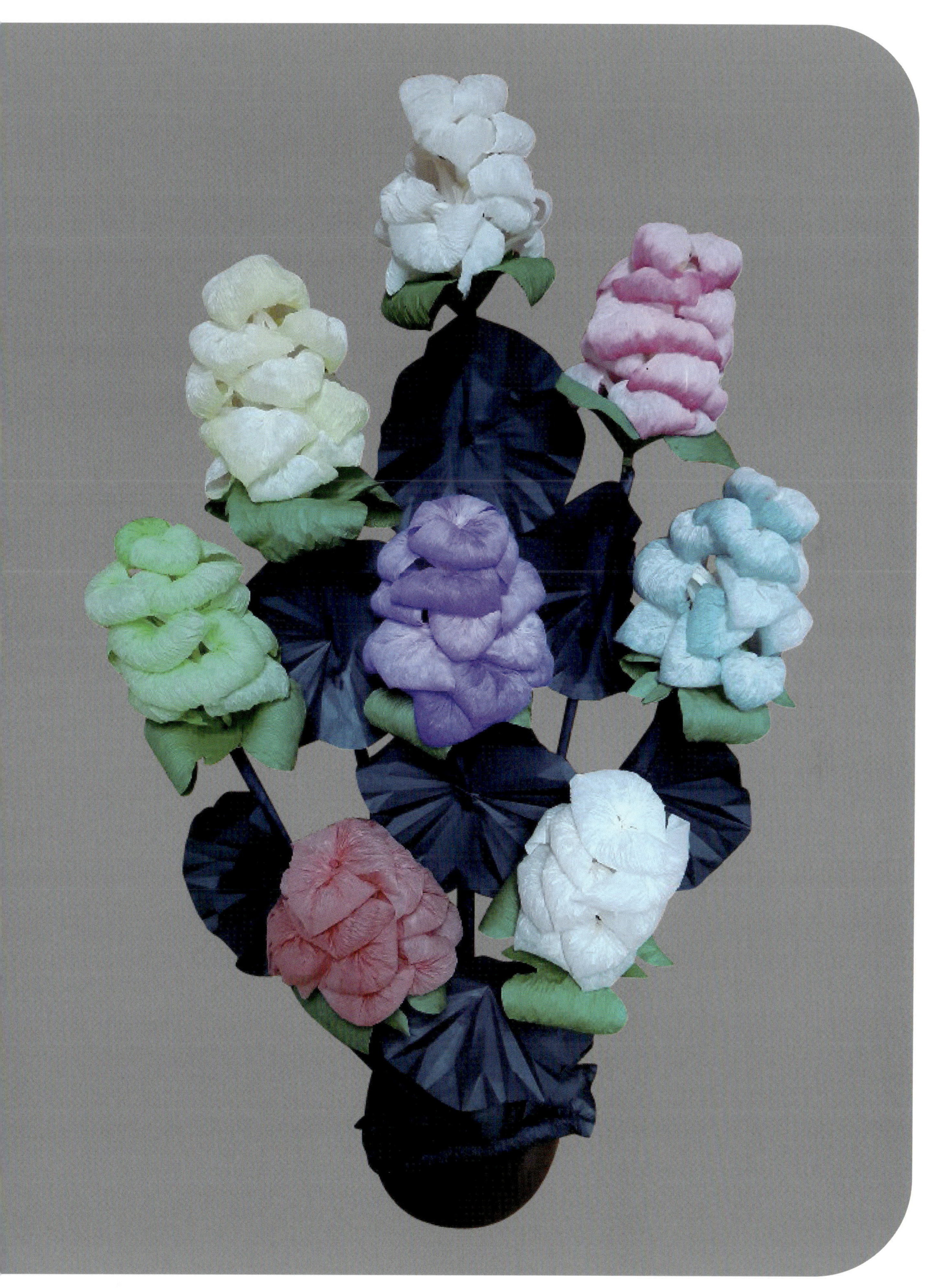

여래(如來)의 마음! 땅설법지화(紙花)

법신화(法身花)

『금광명경(金光明經)』 수량품에서는 여래 삼덕으로 법신, 반야, 해탈을 설법합니다. 법신(法身)이란 모든 번뇌가 사라지고 허망한 분별이 사라진 진여(眞如)를 말합니다. 법신은 진리를 인격화한 진리불(眞理佛)입니다. 오분법신(五分法身)이라고 하여 계(戒)·정(定)·혜(慧)·해탈(解脫)·해탈지견(解脫知見)의 다섯 가지 교법 자체를 법신이라도 합니다.

법신을 형상화한 부처님이 비로자나부처님(대일여래)입니다. 『화엄경』의 제목에 있는 '대방광불'은 한량없이 크고 넓은 시공간을 초월하는 절대적인 부처님을 말하는데, 이 부처님에 해당하는 분이 바로 청정법신 비로자나불입니다. 법신은 어떠한 모양과 색깔이 없는 무상무색(無相無色)이고 아니 계신 곳이 없는 온 법계에 충만한 존재입니다. 모양도 색깔도 없고 태양광명과 같이 법계에 충만해 있어 생(生)하는 일도 멸(滅)하는 일도 없고, 그 공덕 또한 무량해서 법신의 광명을 한 번만 보아도 부처의 지혜를 얻어 생사 해탈이 가능하다고 합니다.

지혜의 법신은 부처님의 마음(불심)이며 부처님의 마음의 본질이 자성법신입니다. 자성법신은 청정한 부처님의 본성입니다. 자성법신은 성불하기 전에는 여래장이고 불성이며 성불한 후에는 여래, 즉 부처님이 됩니다. 따라서 법신은 욕계·색계·무색계 어디에나 충만해 계시며 원융무애(圓融無礙)하기에, 일체중생 또한 성불의 씨앗을 지니고 있음을 드러내는 꽃이 바로 법신화입니다. 흰색으로 조성한 법신화는 『금광명경』 법회나 『화엄경』 의례 법회에 주로 설단합니다.

"

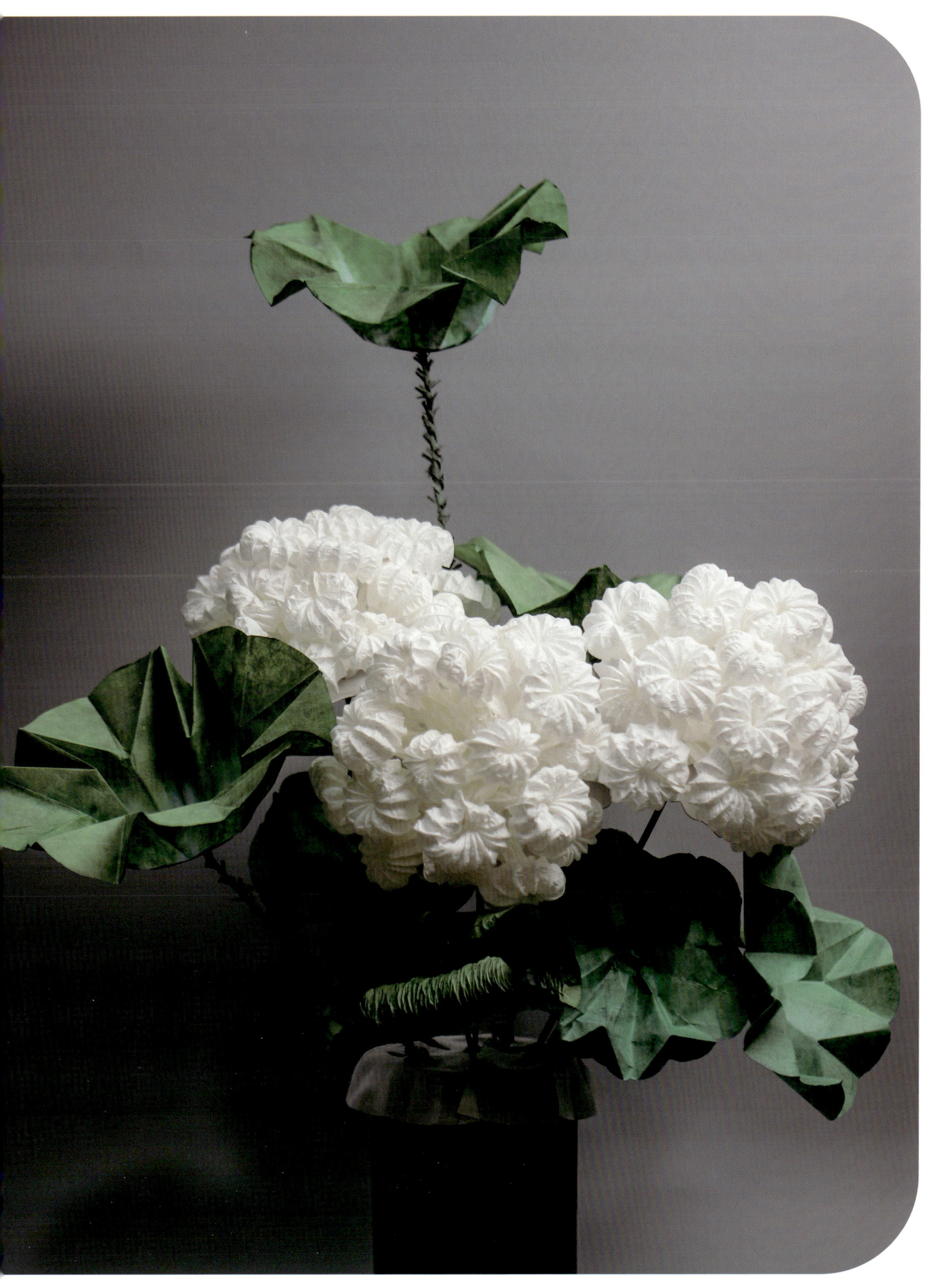

여래(如來)의 마음! 땅설법지화(紙花)

관정화(灌頂花)

관정(灌頂)은 부처님의 오지(五智)를 상징하는 다섯 병의 물을 머리 위에 붓는 불교의식입니다. 『관정경(灌頂經)』과 그 다라니를 외우며 재난을 없애려고 기도할 때 관정을 합니다. 『관정경』은 '불설관정칠만이천신왕호비구주경(佛說灌頂七萬二千神王護比丘呪經)'이라고도 합니다.

관정을 상징하는 지화가 관정화입니다. 다섯 송이 정병 지화를 두르고, 가운데는 다보화나 연화 법신화 등을 한 송이 세웁니다. 『관정경』을 독송할 때나 수계의식에 쓰입니다.

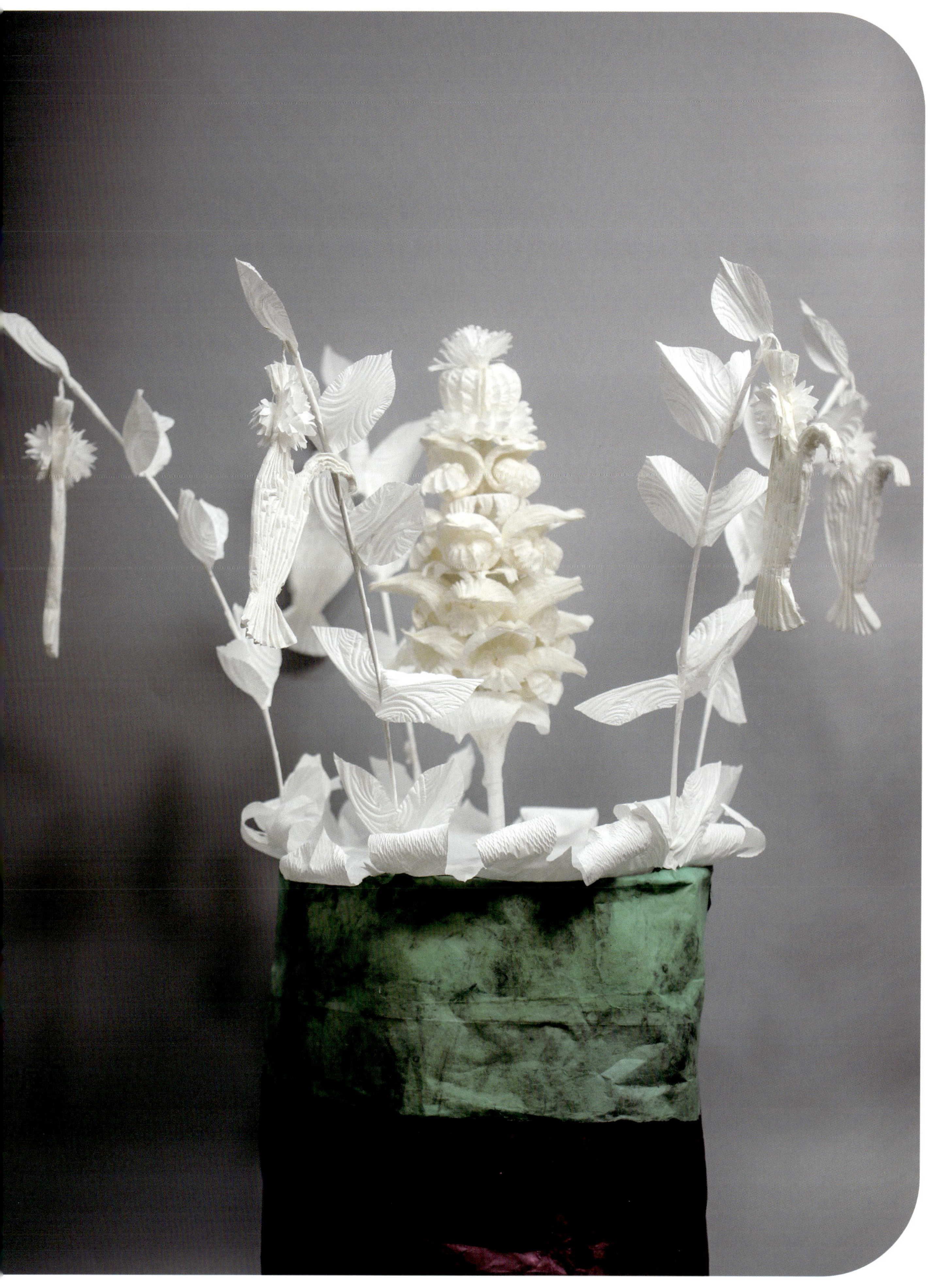

여래(如來)의 마음! 땅설법지화(紙花)

다보화(多寶花)

석가모니 부처님께서 영산(靈山)에서 『법화경』을 설법하실 때 허공에 보배탑이 솟았습니다. 허공보탑(虛空寶塔)이라고 합니다. 다보여래와 석가여래가 나란히 앉습니다. 다보여래는 동방보정세계(東方寶淨世界)의 교주이며 법신불입니다.

『법화경』견보탑품(見寶塔品)에 따르면, 다보여래는 보살도를 닦으실 때 다음과 같이 서원하신 분입니다. "시방 국토에서 『법화경』을 설하는 곳이면 어디든지 나타나, '석가모니 부처님께서 설하신 『법화경』이야말로 평등한 대 지혜로 보살을 가르치는 법이며, 부처님께서 수호해 주시는 가르침으로 진실함을 증명하고 찬탄하리라.'"

다보여래와 석가여래가 나란히 앉아 계시는 모습을 불상으로 만든 것이 '이불병좌(二佛竝坐)' 상입니다. 허공보탑의 다보여래를 친견하기 위해서는, 시방 국토에 계시는 석가모니 부처님의 분신들이 모두 돌아와서 모인 다음에 석가모니 부처님께서 문을 열게 됩니다. 이 모든 분신불을 모셔오려면 이 사바세계가 불국토가 되어야 하기에 『법화경』에서는 분신불이 올 때마다 세 번에 걸쳐 사바세계를 불국토로 변화시킵니다.

세 번에 걸친 불국정토의 변화를 삼변토전(三變土田)이라고 합니다. 이러한 사상을 드러내는 지화가 다보화입니다. 『법화경』 법회에 사용하며, 『관정경』의 관정화 중심에 꽂기도 합니다.

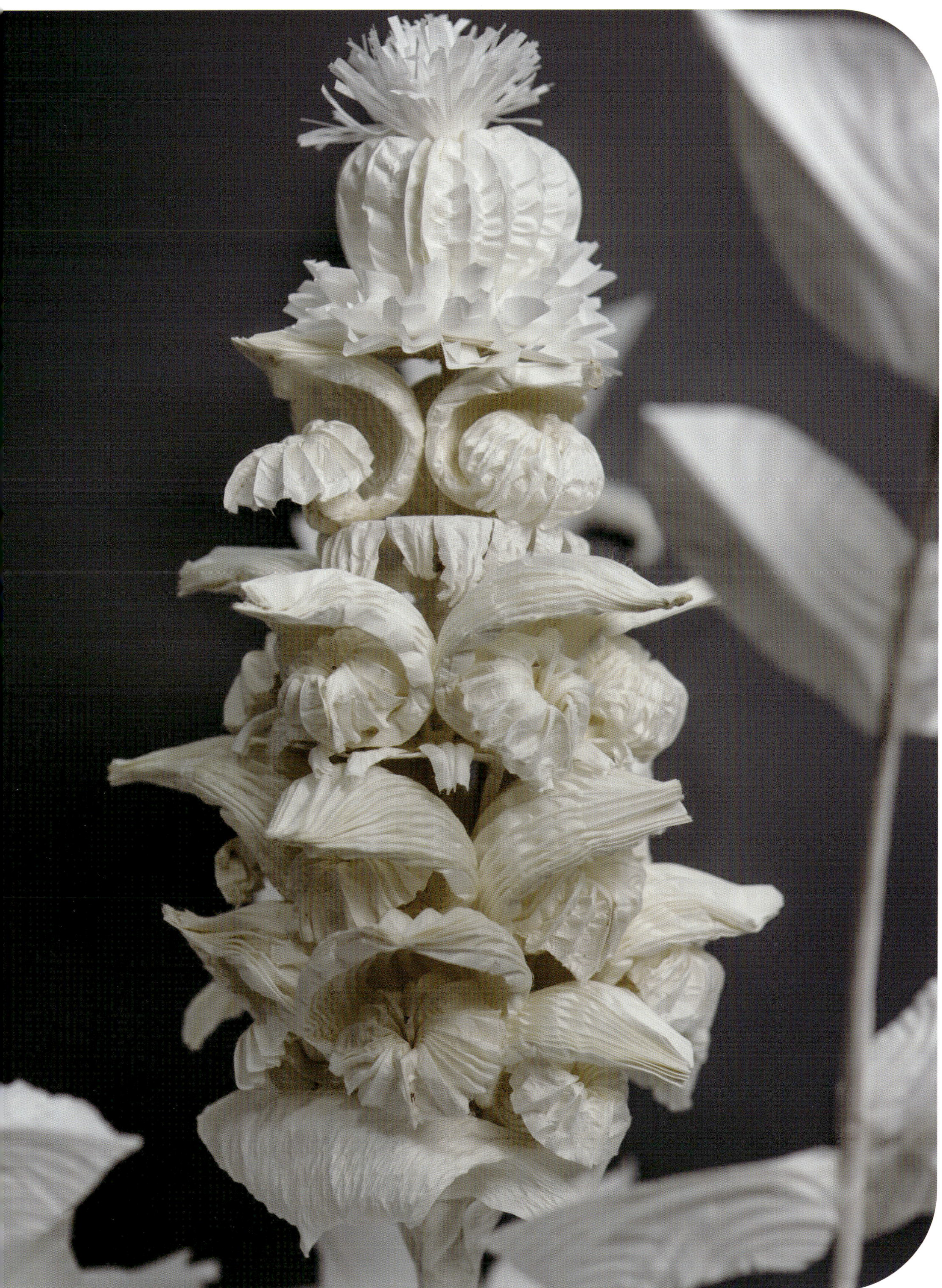

여래(如來)의 마음! 땅설법지화(紙花)

약사여래 칠불공덕화(藥師如來七佛功德花)

『약사여래경』에 따르면 약사유리광여래를 비롯한 일곱 부처님의 가르침을 잘 믿고 실천하며 진언을 외우면 모든 고통에서 벗어나 복을 받습니다. 이러한 약사여래 칠불의 공덕을 나타내는 지화로, 약사여래 부처님 전 기도나 구병시식을 하기 전 약사청을 할 때 설단하는 지화입니다. 법회의 규모에 따라 여러 개를 설단합니다.

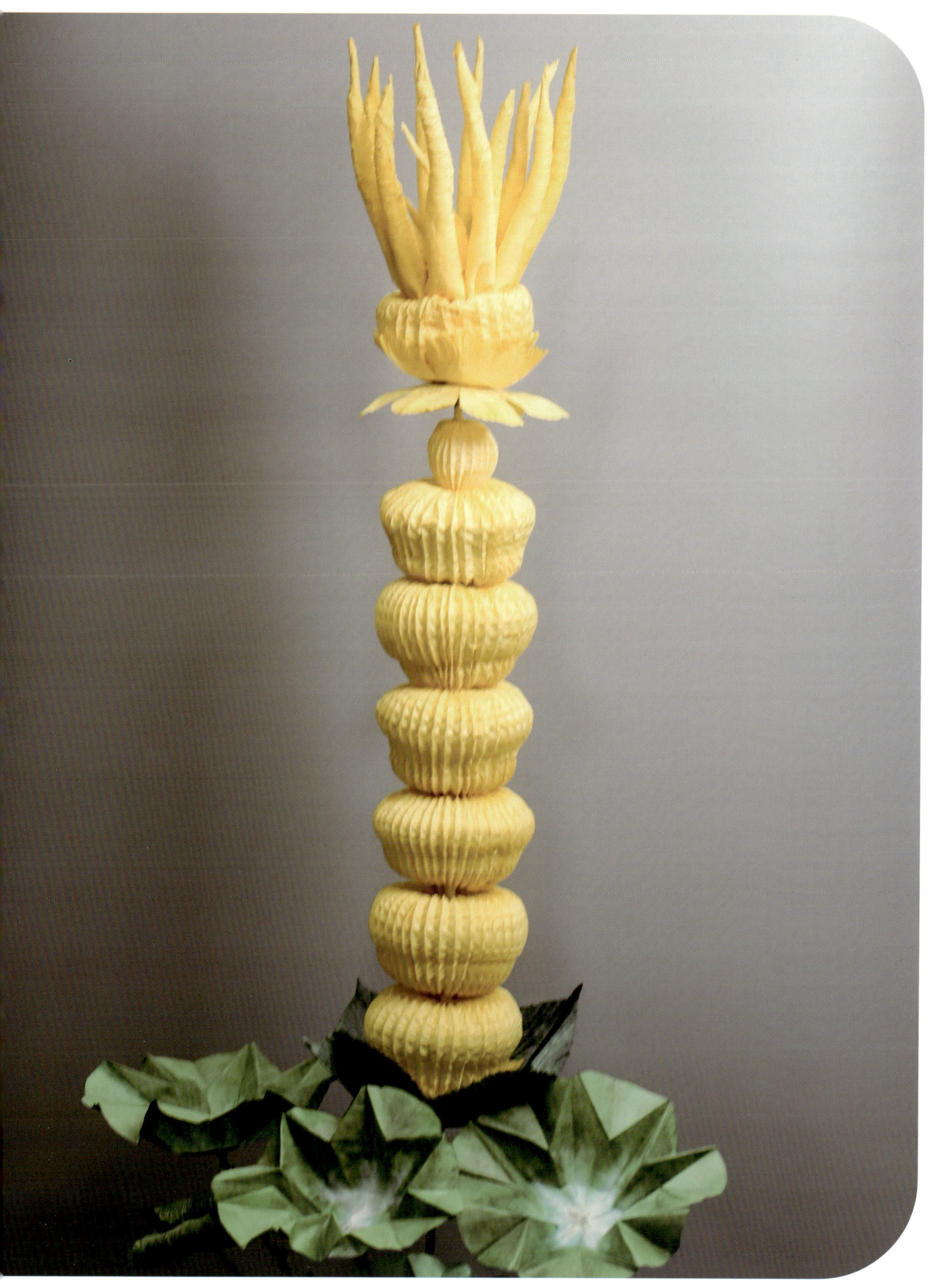

여래(如來)의 마음! 땅설법지화(紙花)

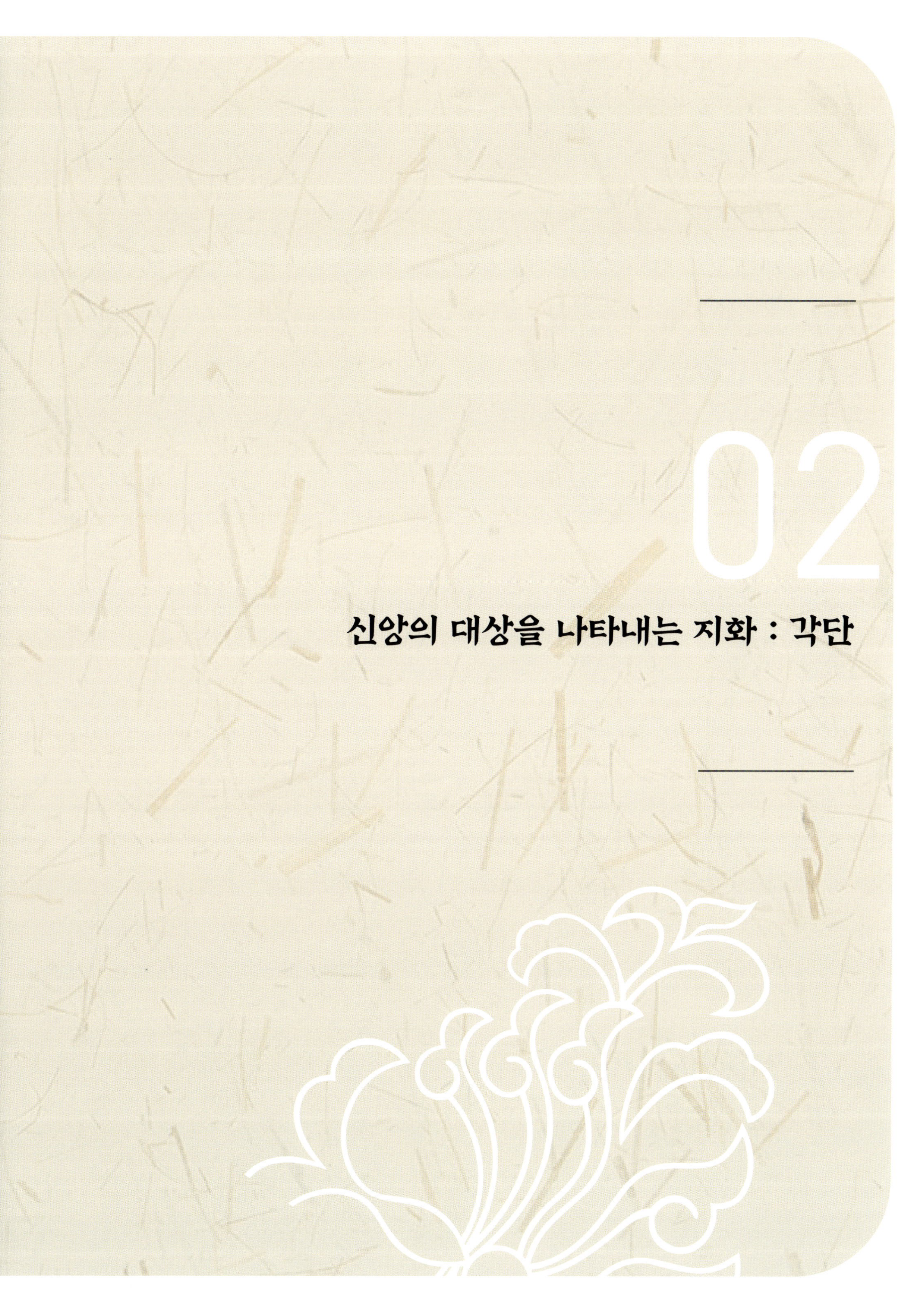

02

신앙의 대상을 나타내는 지화 : 각단

산지화(散脂花)

『금광명경』 '산지귀신품(散脂鬼神品)'에서는 산지귀신을 비롯하여 28부의 모든 귀신이 이 경을 설하는 이들을 보호하겠다고 서원합니다. 산지 대장은 104위 화엄성중 가운데 34번째 화엄성중이십니다. 이십팔부총령귀신 산지대장(二十八部摠領鬼神散脂大將)이라고 하는데 북방 비사문천왕 휘하 8장(八將)의 하나로서, 28부 야차 귀신들의 귀신 대장으로 세상을 순행하며 선과 악을 상벌합니다. 따라서 귀신으로 인한 질병들을 치유하거나 귀신을 쫓아낼 때『금광명경』산지귀신품을 독송하기도 하는데, 산지화는 그때 설단하는 꽃입니다.

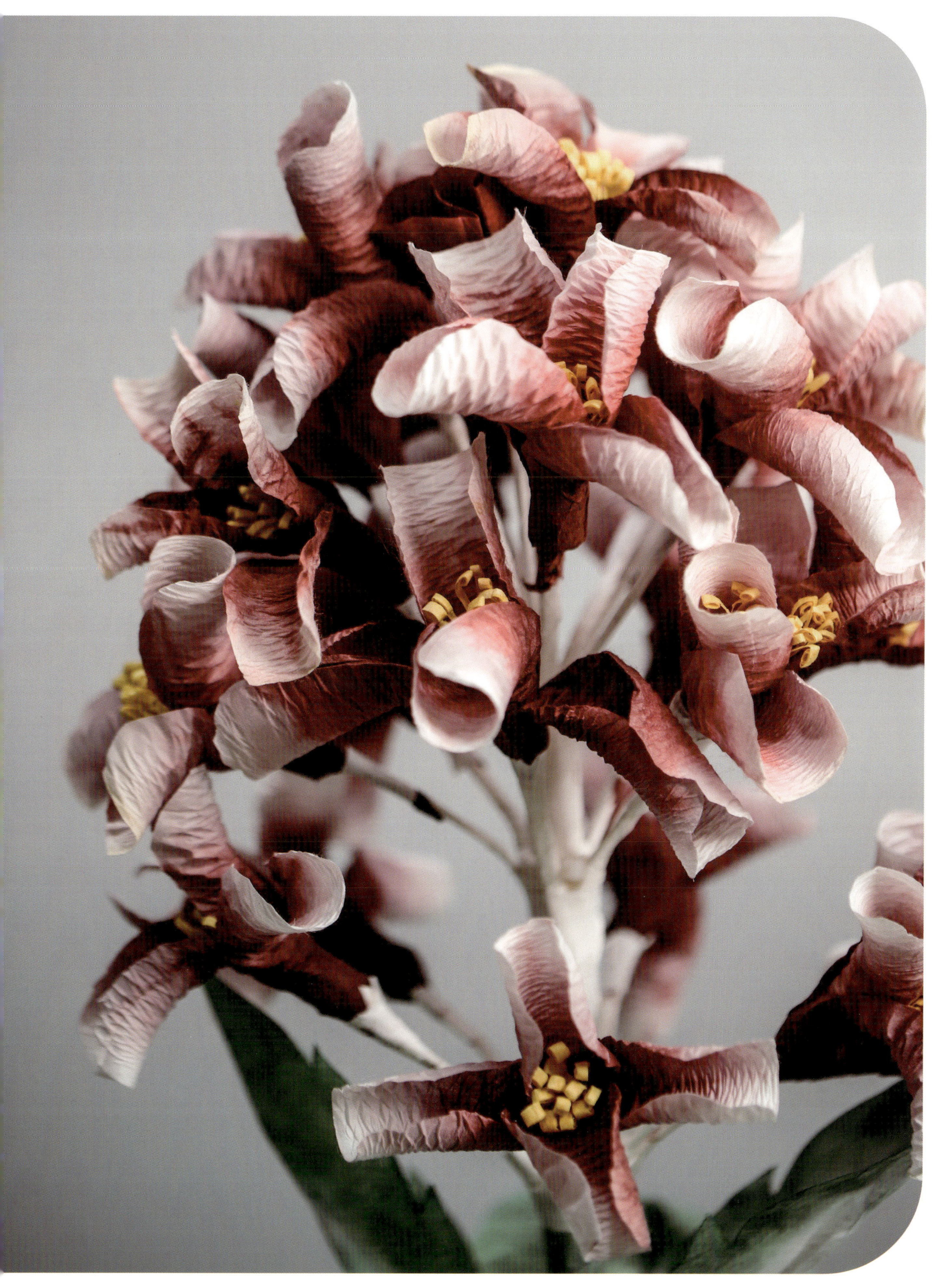

여래(如來)의 마음! 땅설법지화(紙花)

신중금강화(神衆金剛花)

불교의 호법선신인 화엄성중님은 부처님께서 『화엄경』을 강설하실 때 설법을 듣고, 불법을 수호 전법하고자 서원하신 분들이십니다. 『화엄경』 '세주묘엄품'에 등장하는 성중님은 39위입니다. 그 후 중국과 우리나라로 불교가 전래 됨에 따라 그 지역의 신들이 불법에 귀의합니다. 따라서 화엄성중님들도 많아집니다. 현재 우리나라 사찰 신중단에는 104위의 성중님들을 모시고 있습니다.

따라서 104위의 성중님을 상징하는 104개의 지화 송이를 부채살처럼 설단하는 지화가 신중금강화입니다.

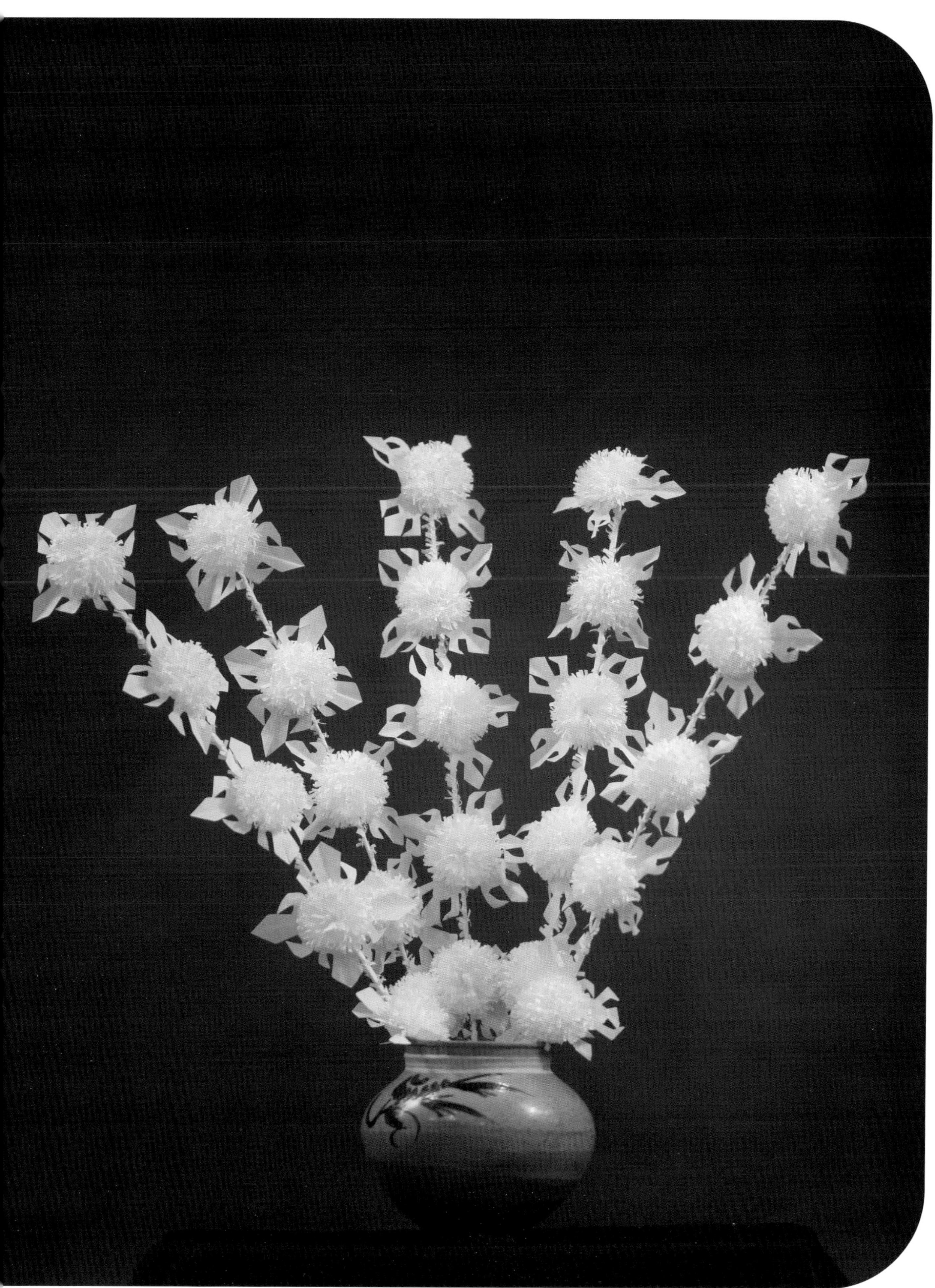

여래(如來)의 마음! 땅설법지화(紙花)

신중수파련(神衆水波蓮)

제석천왕재, 화엄성주대재, 화엄칠성대재 등의 불교의례를 행할 때 신중단에 설단합니다. 밑에는 시루를 놓고 그 위에 '거다리'를 걸칩니다. 그 위에 바구니를 놓고 대를 세운 다음 갖가지 잡화를 낱 가리 형상으로 꽂습니다. 그 꼭대기에 조리 3개를 묶어서 맵니다. 조리 꼭지 위에 연꽃 한 송이를 올립니다.

시루는 펄펄 끓는 김이 올라오는 기물이므로 사바세계를 상징하고, '거다리'는 사바세계 중생들을 인도하는 보살의 보살행을 상징합니다. 갖가지의 꽃들은 불성을 지닌 모든 중생을 나타냅니다. 근기에 따라 다양하게 피어나는 모습입니다. 이렇게 장엄하니 '대방광불 화엄'입니다. 조리 3개의 조리는 보살 · 성문 · 연각의 삼승을 상징합니다. 그리고 마지막 연꽃은 성불을 나타냅니다.

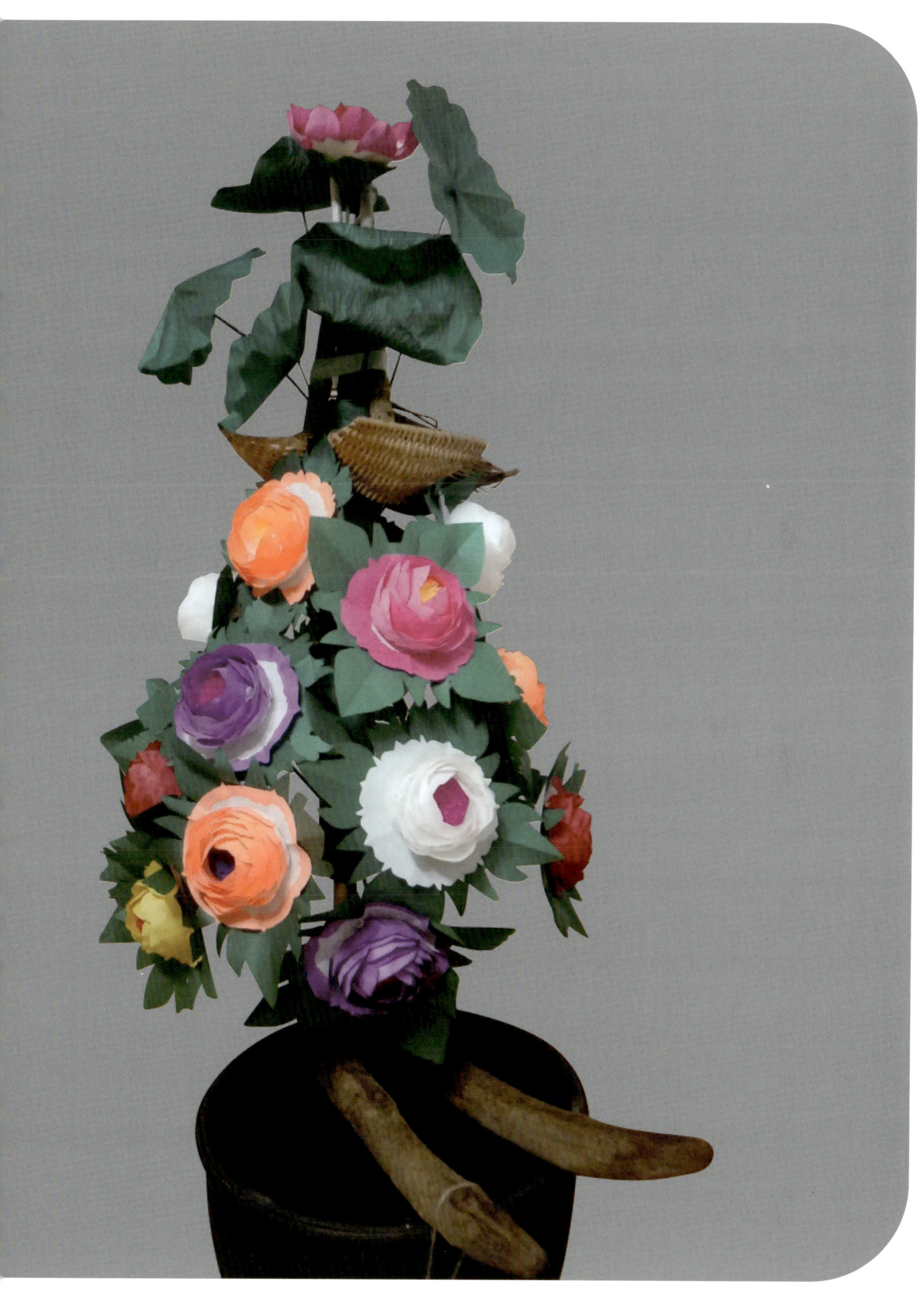

여래(如來)의 마음! 땅설법지화(紙花)

칠성꽃(七星꽃)

칠원성군 7분과 내외 필성 2분을 합하여 9송이를 올립니다. 화엄칠성대재를 비롯한 칠성님전에 기도를 올릴 때 쓰는 지화입니다.

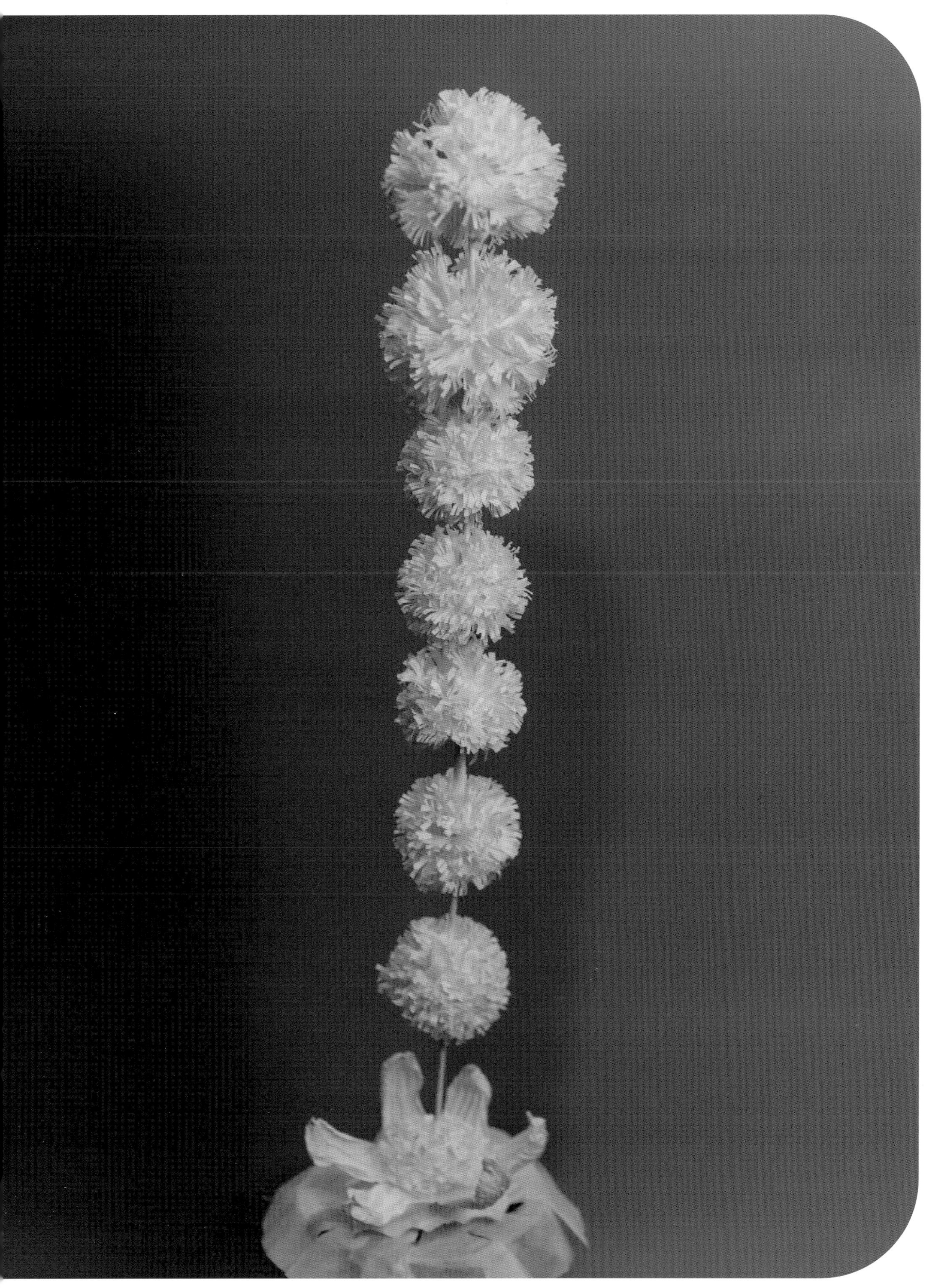

여래(如來)의 마음! 땅설법지화(紙花)

접중화(接衆花)

접중화는 중생을 접(接)하는 꽃이라는 의미입니다. 황촉화(黃蜀花)·일일화(一日花)·황촉규·덕두화(德頭花)·촉규화(蜀葵花)·층층화(層層花)라고도 합니다. 신중단에는 67번째 보부법계주변함용 옥택신(普覆法界周邊含容玉宅神)이라는 호칭으로 성주신(聖主神)이 모셔져 있는데, 성주신의 꽃이 바로 접중화입니다.

성주신은 민간의 신들을 포교하여 불교로 귀의시킨 신입니다. 성주신은 '사바세계 어디든지 집의 형상을 한 곳마다 8만4천의 분신으로 변하여 좌정하고, 사바 중생을 안락하게 하며, 불법으로 제도 포교하여 사바세계를 불국토로 만들겠다'고 서원하신 신입니다.

접중화는 우리나라 어느 집이든지 울타리 안팎, 장독대, 대문 앞 등에 심고 자라는 모습이 집안을 지키는 것으로 보입니다. 이러한 모습은 집안의 어른 신인 성주신과 닮았습니다.

접중화를 '집안에 심는 최고의 꽃'으로 삼게 된 유래도 있습니다. 먼 옛날 꽃나라의 화왕(花王)이 제일 큰 꽃밭을 만들고 싶었습니다. 그래서 이 세상의 꽃들에게 명령을 내렸습니다. "이 세상의 모든 꽃은 나의 꽃밭으로 모이도록 하라." 화왕의 명령이 떨어지자 세상의 모든 꽃이 궁궐 꽃밭으로 모여들었습니다. 그 무렵 서천 서역국 어느 곳에는 옥황상제의 명을 받고 세상의 모든 꽃을 심어 가꾸는 꽃감관이 있었습니다. 꽃감관이 계명산 신령님을 만나러 가느라 집을 비운 사이에, 화왕의 소식을 들은 꽃들은 너도나도 궁중 꽃밭으로 가겠다고 나서서 순식간에 꽃으로 가득했던 산과 들이 텅 비었습니다.

꽃들이 떠난 뒤에 꽃감관이 돌아왔습니다. 그가 키운 꽃들이 자취도 없이 몽땅 사라진 것을 보고 꽃감관은 허탈한 슬픔에 잠겼습니다. 그런데 대문 앞 울타리 밑에 접중화 한 포기가 남아 있었습니다. 참으로 반가웠습니다. "너는 왜 떠나지 않았느냐?"라고 물으니, "저는 집을 지켜야지요. 저마저 떠나면 집은 누가 봅니까?"라고 답했습니다.

꽃감관은 혼자 남아서 집을 지켜 준 접중화가 너무 고마워, 그때부터 접시꽃을 집안을 지키는 꽃으로 삼게 되었습니다. 그래서 접중화는 집을 지키는 꽃이며 성주신의 꽃으로 지금까지도 많이 심게 되었습니다. 접중화는 제석천왕재나 성주신 불공의례에 올리는 꽃입니다. 민간에서는 신부가 타고 오는 꽃가마를 장식하는 꽃이며, 결혼한 신부에게 시댁에서 처음 차려주는 큰상을 장식하는 꽃이기도 합니다.

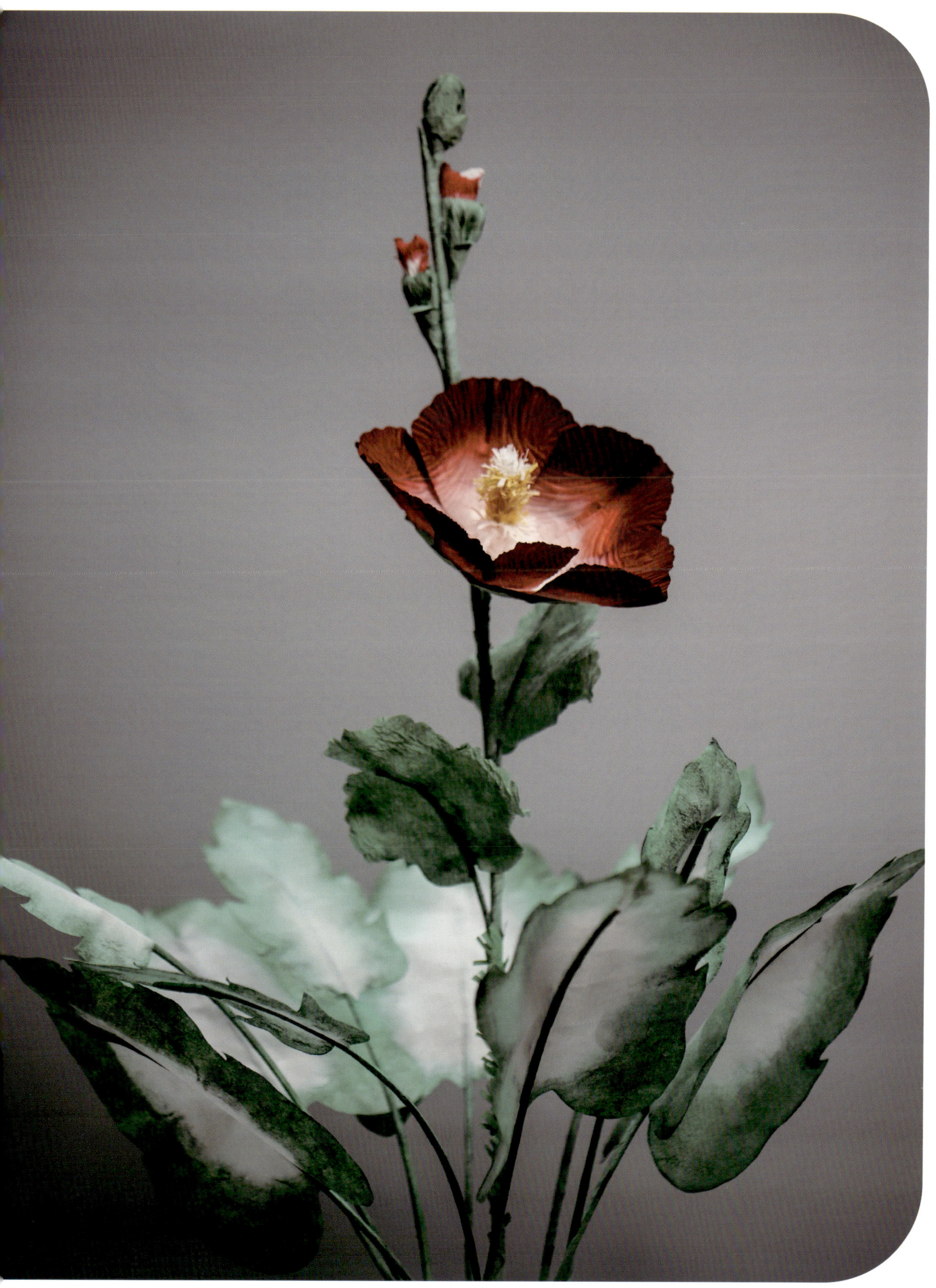

여래(如來)의 망음! 땅설법지화(紙花)

영기(靈氣) 사북

'영기'는 신령스러운 기운을 뜻합니다. 영기는 빛으로 나타납니다. 부처님의 몸에서는 진리와 지혜의 무한한 빛(무량광)이 나와 세상을 비추고 중생을 제도합니다. 부처님의 머리에는 두광(頭光), 몸에는 신광(身光), 두광과 신광을 포함하여 몸 전체를 감싸는 거신광(擧身光) 또는 전신광(全身光)으로 나눌 수 있습니다

이러한 진리와 지혜를 '영기'로 나타내며, 부처님의 '광배' 역시 영기이지만 '사북'이라고 부릅니다. 이러한 영기 사북을 불단의 지화 사이 사이에 세웁니다.

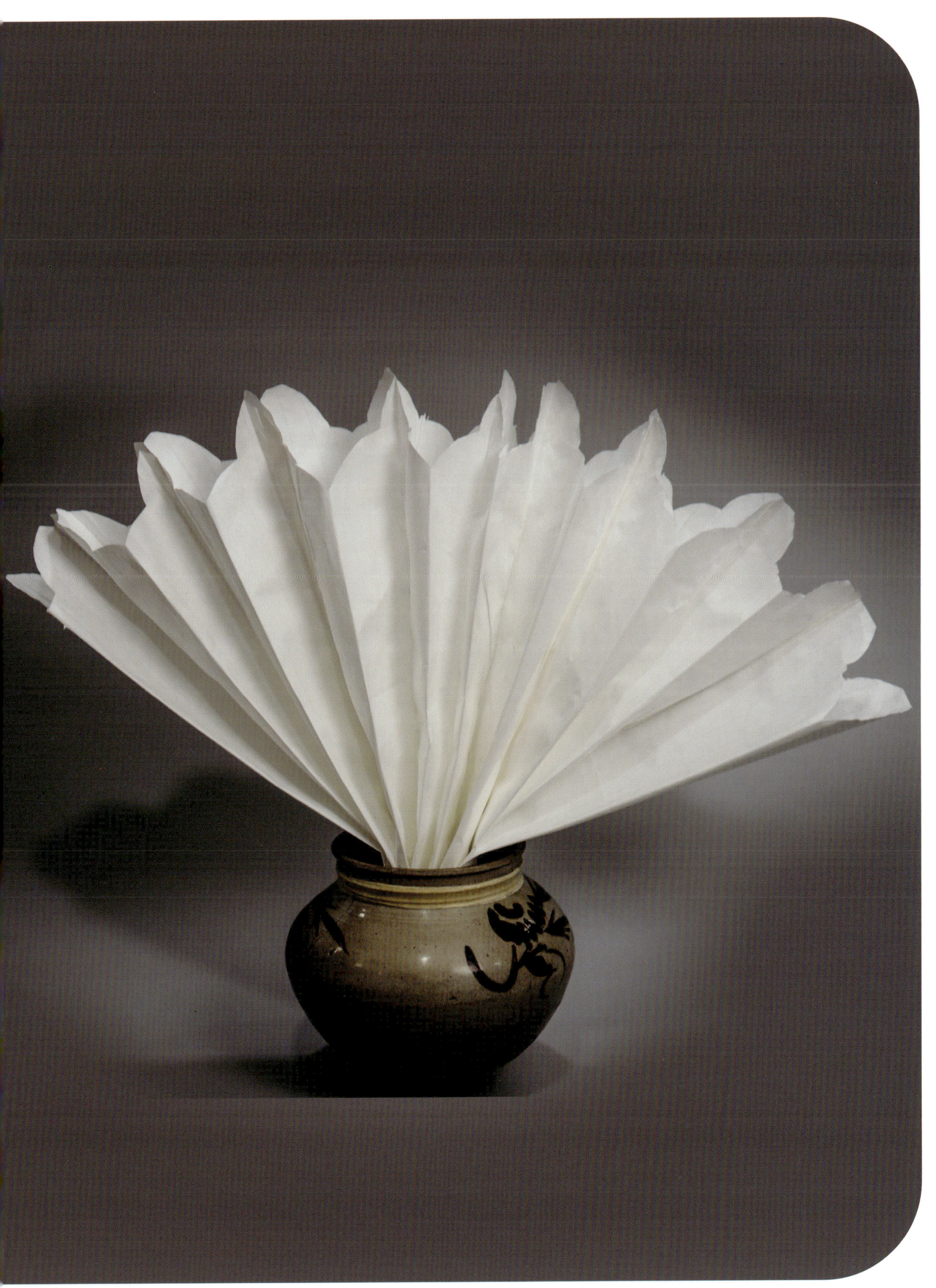

여래(如來)의 마음! 땅설법지화(紙花)

요고화(腰鼓花)

장구채꽃이라고도 부릅니다. 신중단에 모신 가릉빈가(迦陵頻伽), 건달바(乾闥婆) 신에게 올리는 공양물입니다.

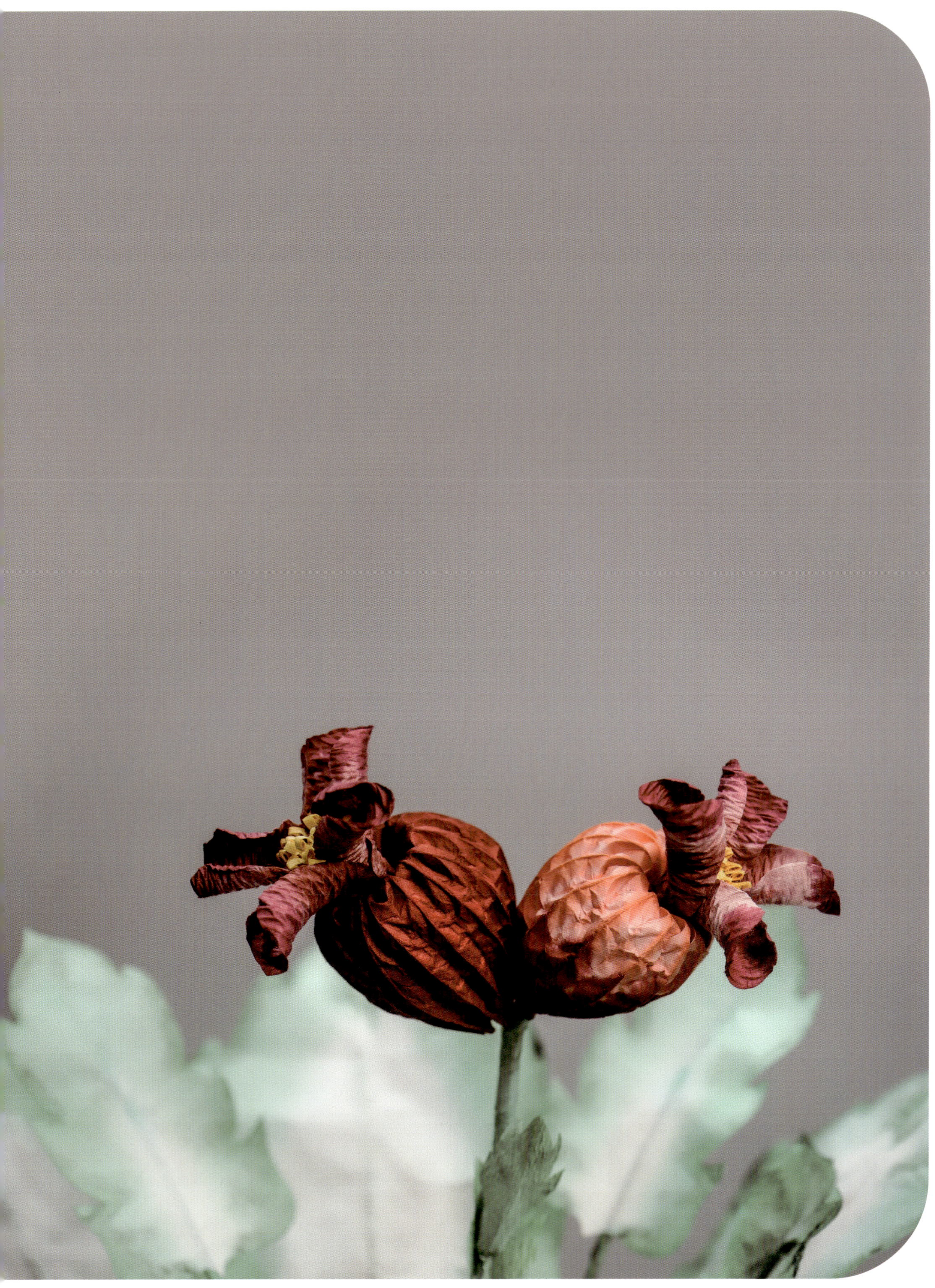

여래(如來)의 마음! 땅설법지화(紙花)

살모란

104위 화엄성중님 가운데 25번째 성중님이 제석천왕(帝釋天王)입니다. 제석천왕은 제석천 선견성에 계시며, 명과 복을 관장하는 신입니다. 제석천왕의 지물이나 화관에 장식한 꽃이 모란꽃입니다. 살모란은 물에 적신 한지를 칼로 주름살을 접어서 만듭니다. 제석청, 제석천왕재 등 제석천왕과 관련된 의례에서 사용합니다.

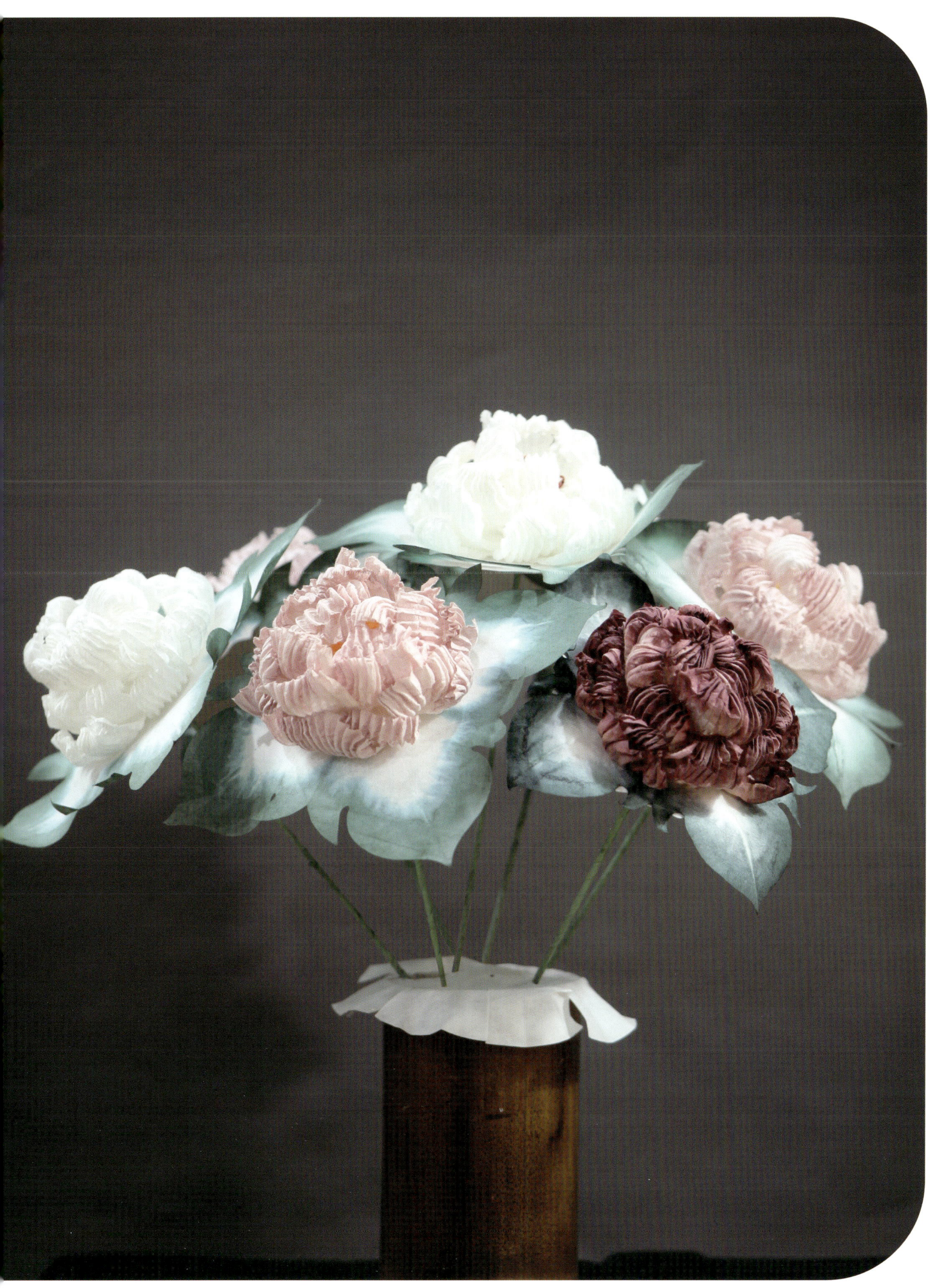

여래(如來)의 마음! 땅설법지화(紙花)

칠변화(七變花)

수국(水菊) 또는 팔선화, 도깨비꽃, 수구화(繡球花), 자양화(紫陽花)라고도 합니다. 심은 토양에 따라 색깔이 바뀝니다. 토양의 성질에 따라 다양한 모습으로 변하여 나타나므로 신중단의 96번째 모셔진 무량위의최상장엄신중신(無量威儀最上莊嚴身衆神)을 상징합니다.

무량위의최상장엄신중신은 중생의 근기에 따라 다양한 모습으로 나타나 제도하시는 신중신이십니다. 땅설법에서는 신중신 일대기의 주인공인 신중신(身衆神)을 말합니다. 불두화와 같은 방식으로 꽃잎을 만들지만 작봉에서 둥글게 만들어 불두화와 구분됩니다. 제석천왕재 또는 신중신 일대기 땅설법에 사용합니다.

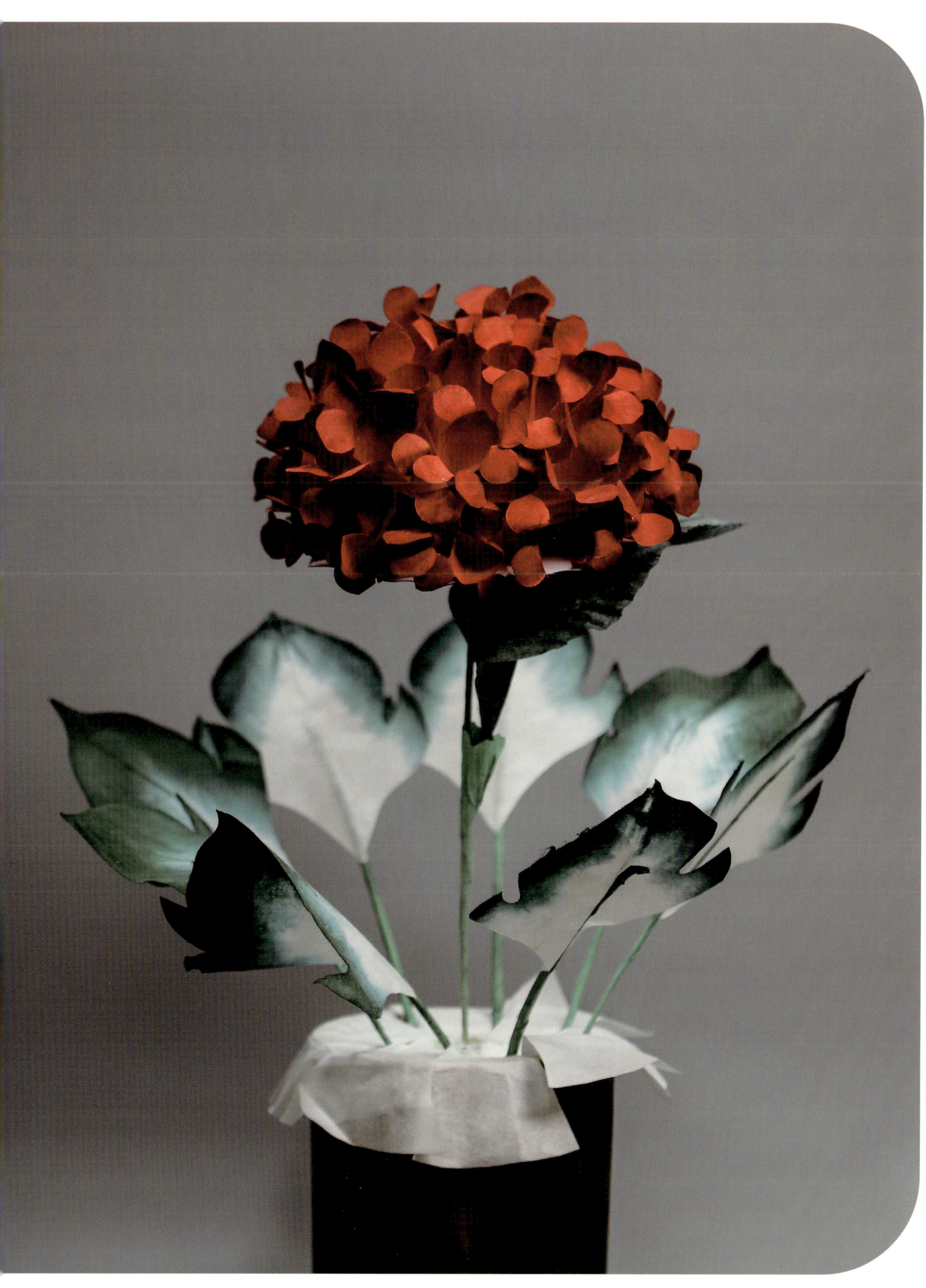

여래(如來)의 마음! 땅설법지화(紙花)

보요화(步搖花)

작은 움직임에도 흔들리기 때문에 '보요화'라고 합니다. 대범천왕의 꽃입니다. 대범천왕(大梵天王)은 우주 창조의 신이자 모든 신들의 최상위에 계십니다. 모든 신과 항시 소통하므로 꽃잎이 항상 흔들립니다. 천상의 세계, 신들의 세계를 상징하는 새를 꼭대기에 올립니다. 보요화는 노란색으로 만듭니다.

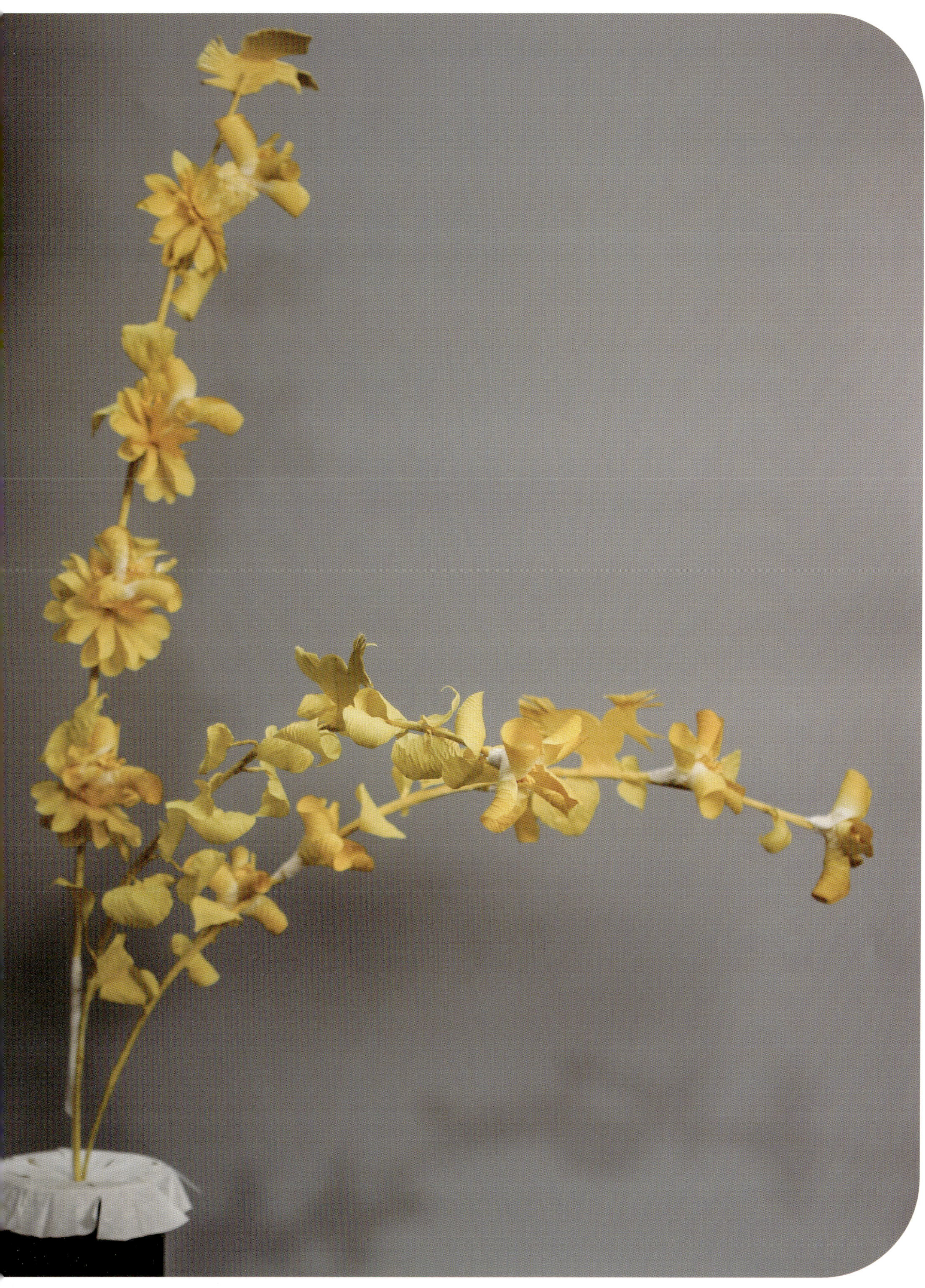

여래(如來)의 마음! 땅설법지화(紙花)

03

공양물로 올리는 지화

부처꽃

백중날에 장마로 물이 불어나 연못의 연꽃을 꺾을 수 없었던 한 스님이, 물가에 피어 있는 이 꽃을 꺾어 대신 불전에 바쳤다는 이야기에서 '부처꽃'이라는 이름이 유래했다고 전합니다. 중국에서는 대엽련(對葉蓮)이라고 부르고, 일본에서는 계추(禊萩)라 부릅니다.

대엽련은 잎이 마주 나는 연꽃이라는 의미이고, 계추는 부정한 것을 씻어 정화하는 쑥풀이라는 의미이기도 합니다. 공양 상에 올립니다.

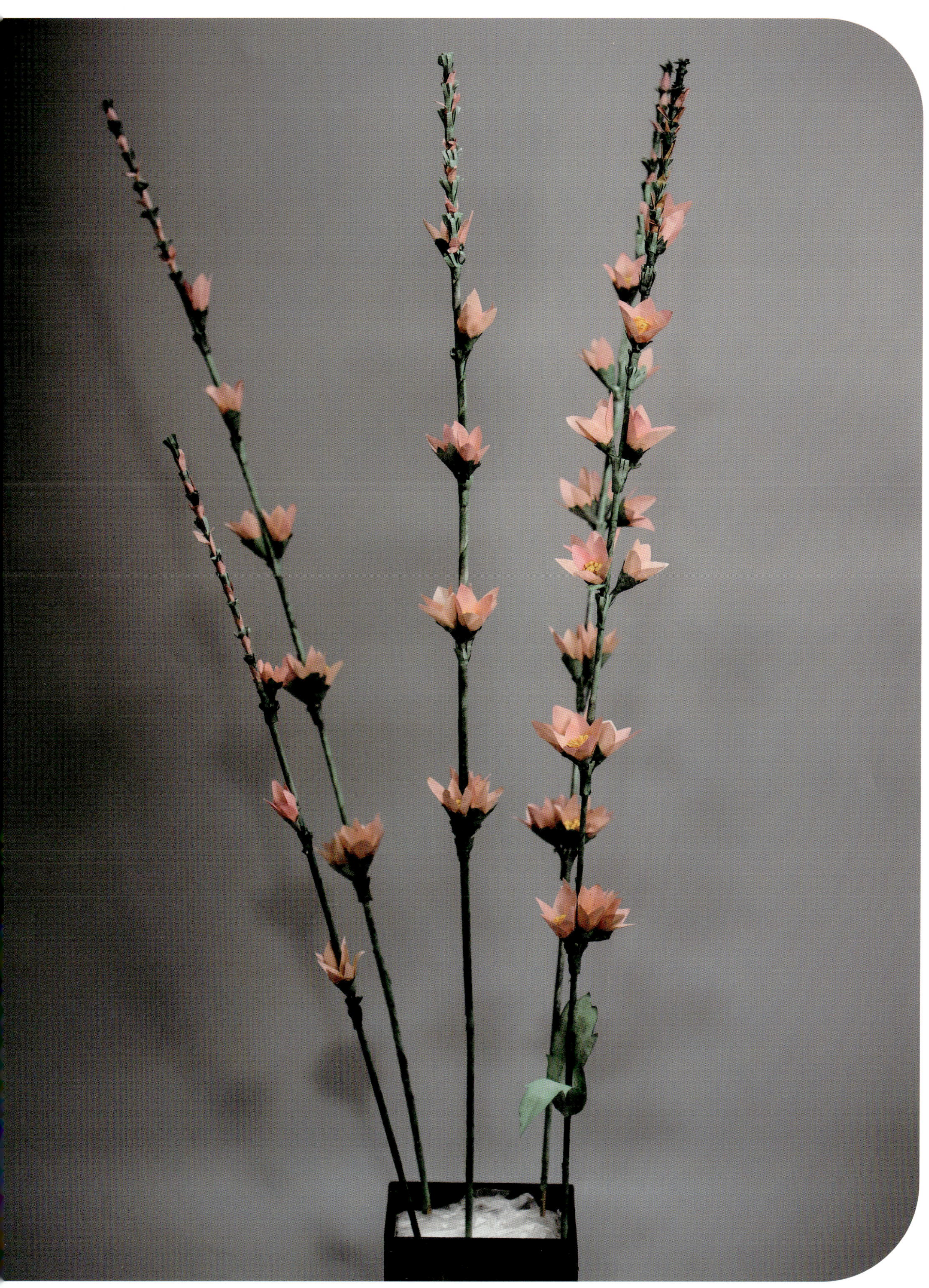

여래(如來)의 마음! 땅설법지화(紙花)

부처손

부처손이란 한자 이름인 보처수(補處手)에서 유래한 이름이라 합니다. 부처손은 겨울에는 잎이 둥글게 오그라들어 죽은 것처럼 보이지만, 봄이 되면 새파랗게 살아납니다. 만년초 · 불사초 · 장생불사초 · 회양초(回陽草)라 부르기도 하고, 잎이 붙은 모양이 주먹을 쥔 것 같고 잣나무잎 같다고 '권백'(卷柏)이라 부르기도 합니다. 표범의 발처럼 생겼다고 하여서 한 자로 표족(豹足)이라고도 합니다.

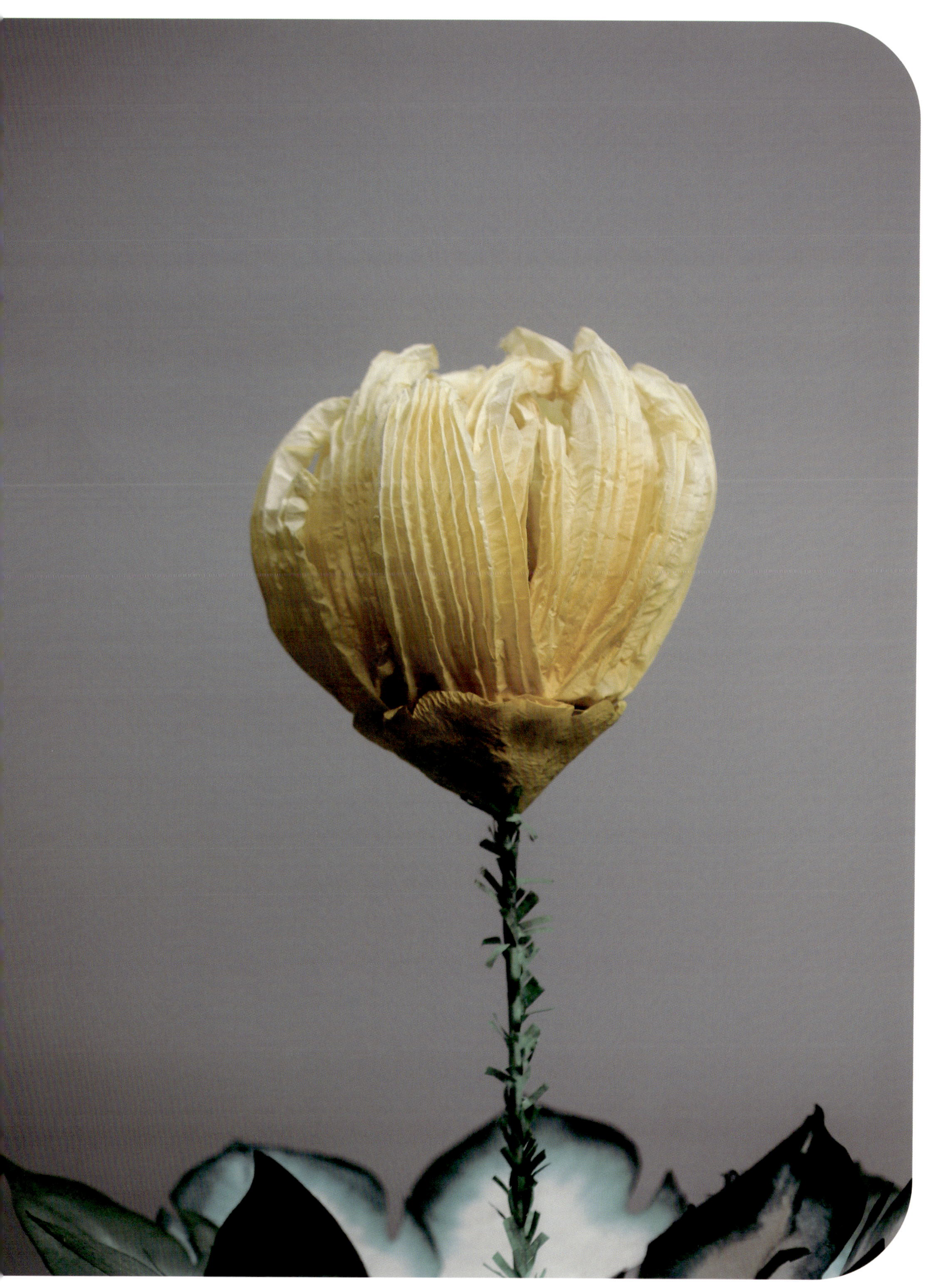

여래(如來)의 마음! 땅설법지화(紙花)

불상화(佛桑花)

부상(扶桑)은 해가 뜨는 동방에 있다고 하는 신성한 뽕나무를 말합니다. 『산해경(山海經)』에 기록하기를, "부상의 가지에는 열 개의 해가 달려있고, 태양은 함지(咸池)에서 목욕하고, 탕곡(暘谷)에서 돋아 부상의 꼭대기 위로 솟아오른다"고 하였습니다. 한 개의 해가 오면 한 개의 해가 나가는데, 새가 해를 운반한다고 합니다. 이 신령스러운 뽕나무에 피는 부처님의 꽃을 불상화라 합니다.

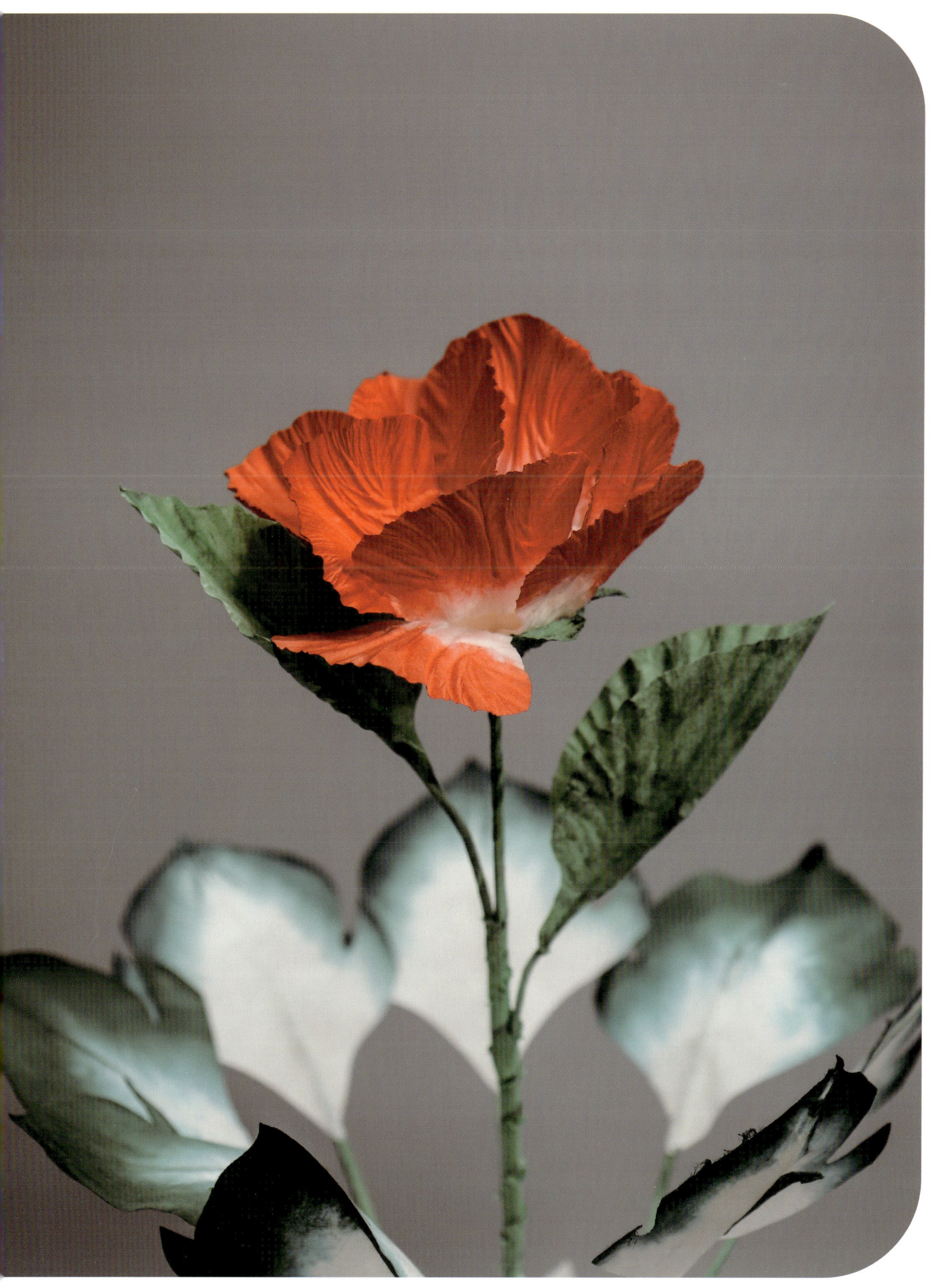

여래(如來)의 마음! 땅설법지화(紙花)

불수감(佛手柑)

부처님의 손을 닮았다는 과일로 민화에서도 많이 그려집니다. 공양을 올릴 때 사용됩니다.

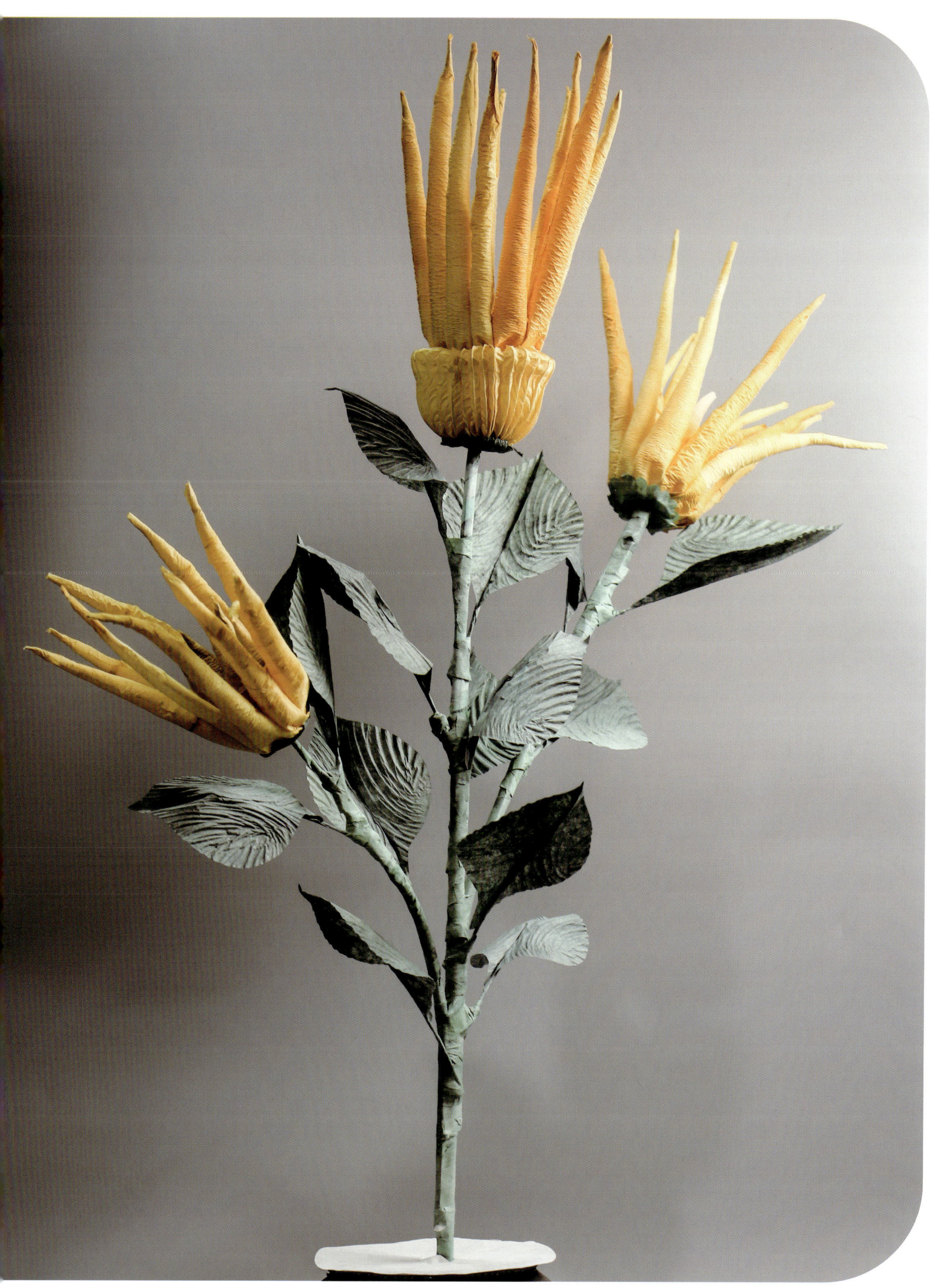

여래(如來)의 마음! 땅설법지화(紙花)

작약꽃

작약은 꽃잎 자체를 여러 번 쪼였다 편 다음 모란과 유사한 형태로 만듭니다.

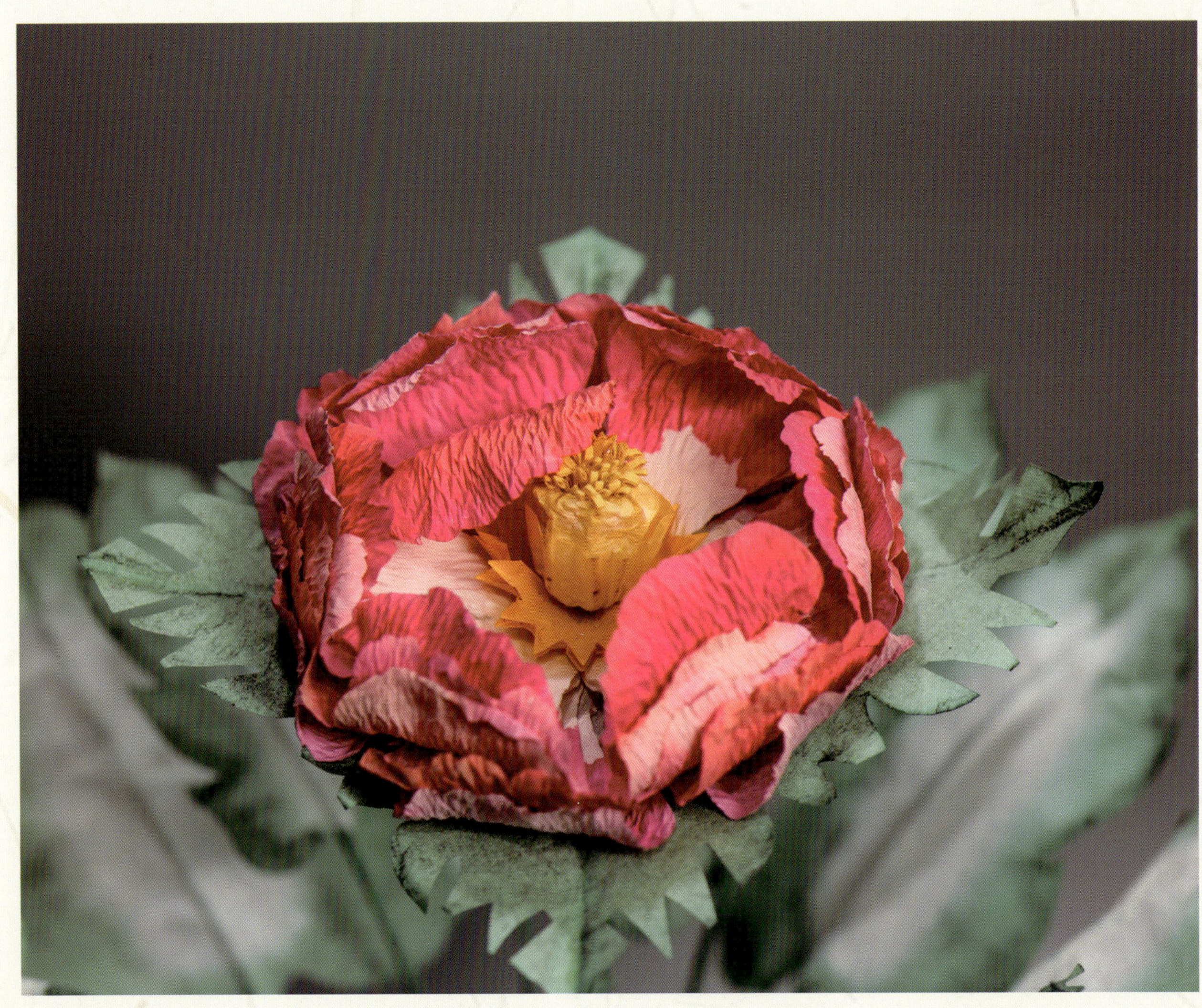

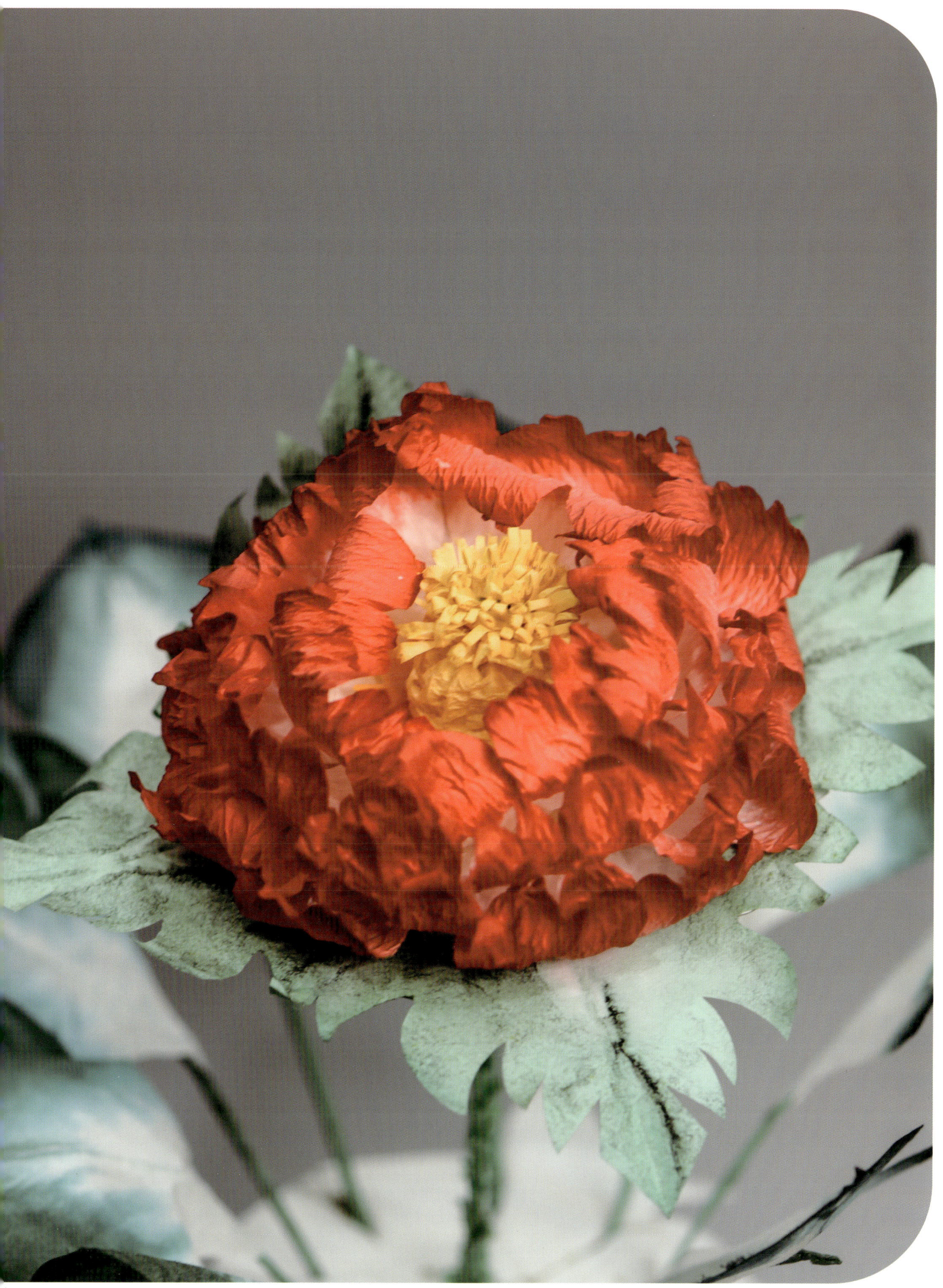

여래(如來)의 마음! 땅설법지화(紙花)

금불화(金佛花)

금 부처님 꽃이라는 의미를 지닌 꽃입니다. 꽃잎이 꽃술을 감싼 형태가 부처님을 모신 좌대를 감싼 듯하여 '금불화'라 불렀다고 합니다. 여름에 피는 국화라는 의미의 하국(夏菊)이라고도 합니다. 공양을 올릴 때 사용합니다.

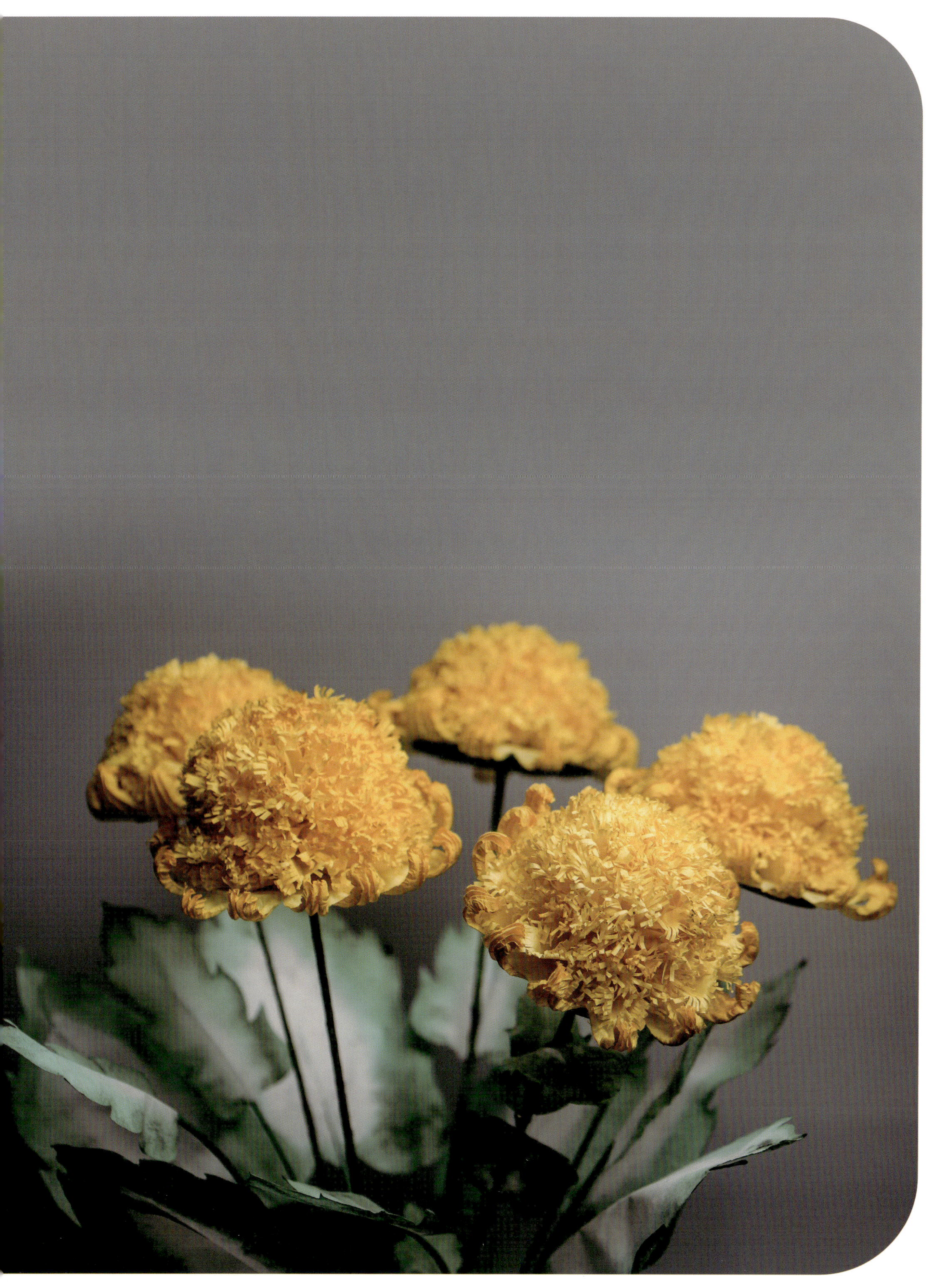

103
여래(如來)의 마음! 땅설법지화(紙花)

불두화(佛頭花)

꽃 모양이 부처님의 머리카락처럼 곱슬곱슬한 나발(螺髮)을 닮아서 불두화라고 합니다. 수국과 비교할 때 꽃잎은 같이 만들지만 작봉 때 5덩어리로 나뉘어 작봉합니다.

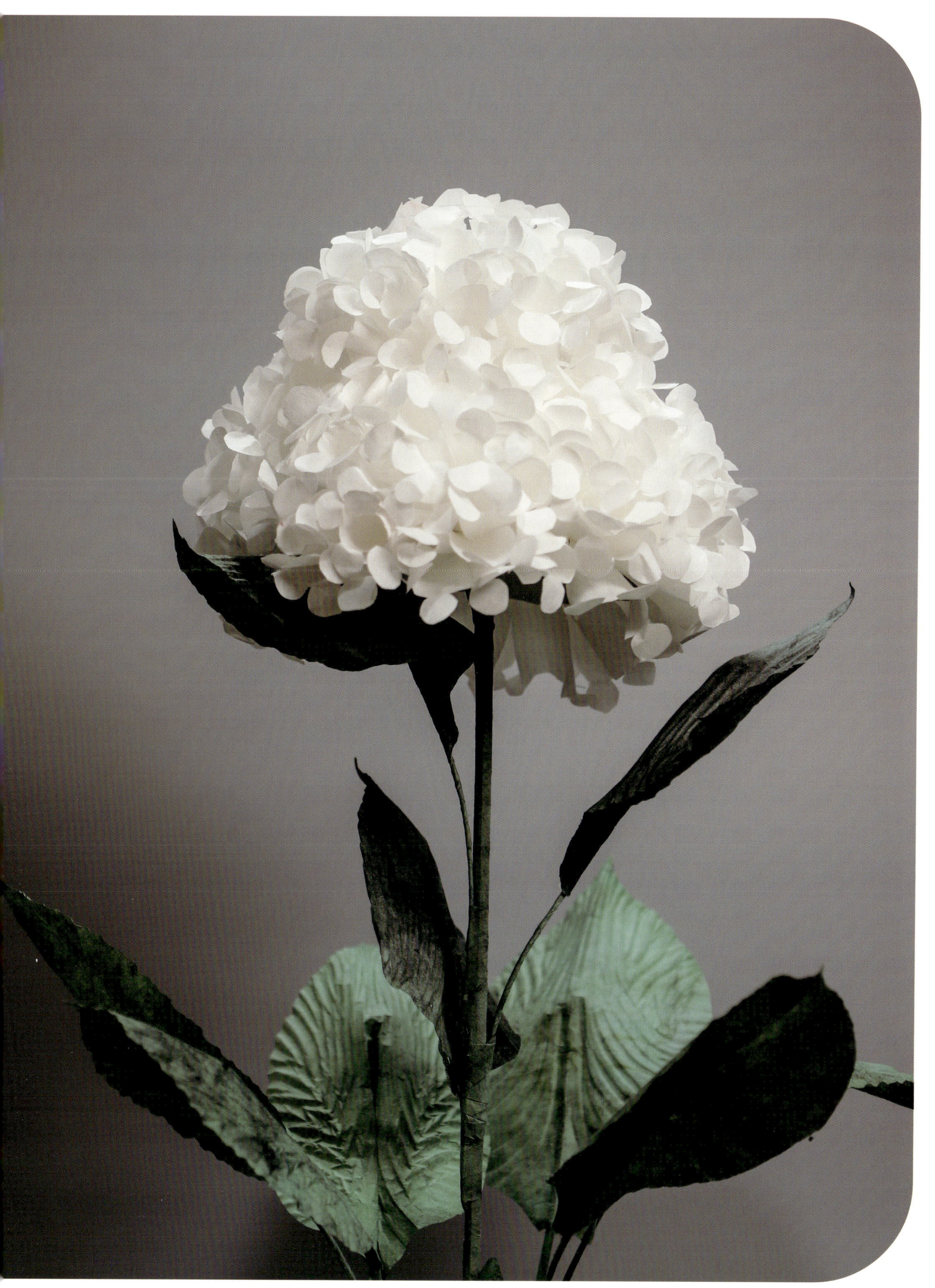

여래(如來)의 마음! 땅설법지화(紙花)

산목단(산함박)

나뭇잎이 무성해진 다음 흰색 꽃이 피는 산목단은 산목련이라고도 하며 산함박꽃 · 천녀화라고도 합니다. 홑잎으로 조성하는 방법, 겹꽃잎으로 조성하는 방법이 있습니다. 꽃잎을 세우는 방법도 조리개로 졸이는 방법, 손으로 3번 정도 접은 뒤에 실로 묶어서 잠재우는 방법이 있는데 홑꽃잎에 졸이개로 졸이는 방법을 원칙으로 합니다. 겹꽃잎에 손으로 접어서 실로 묶어 잠재우는 방법으로 만드는 꽃은 불동화라 하기도 합니다. 부처님 전에 공양 올릴 때 주로 쓰입니다.

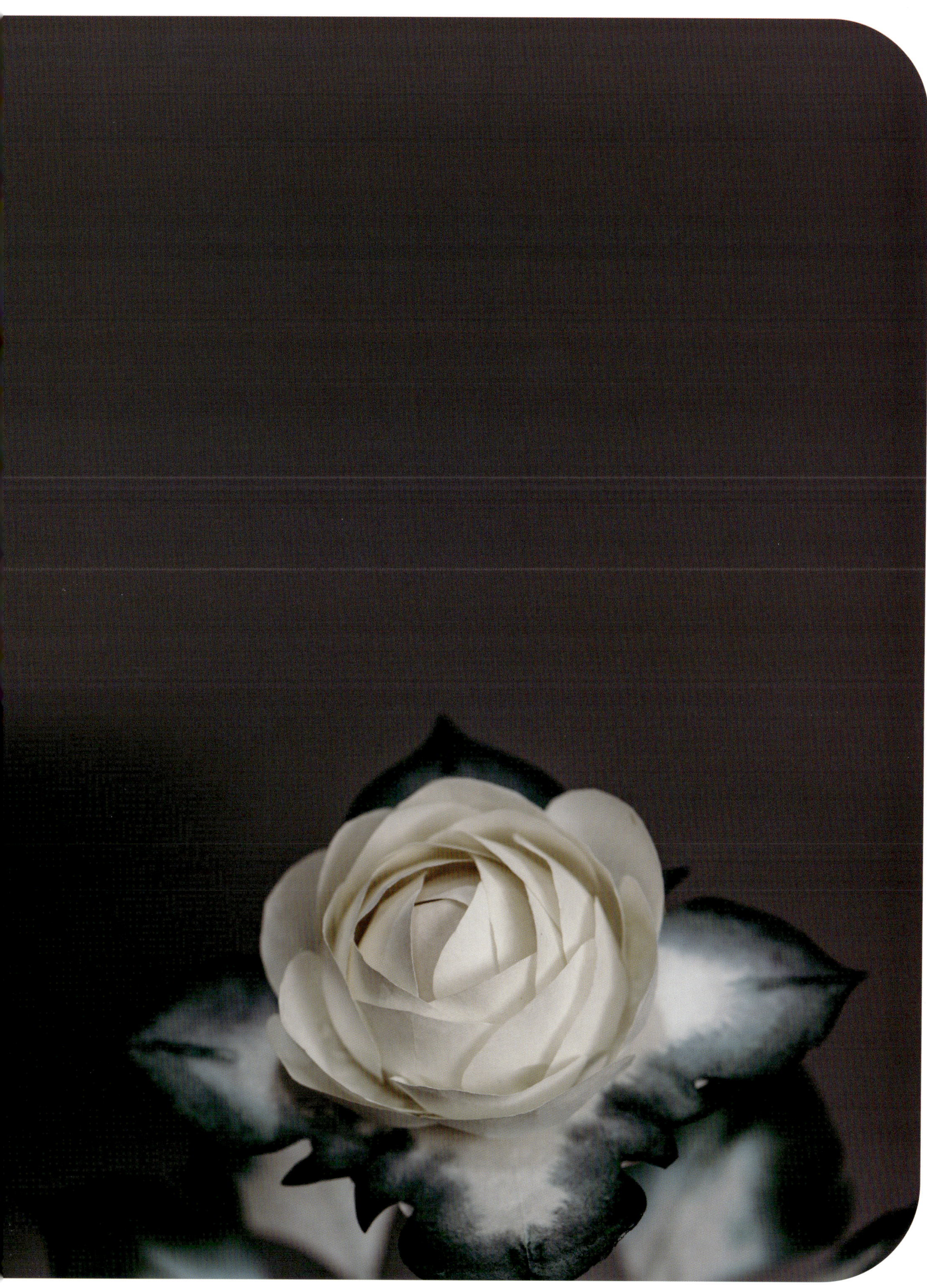

여래(如來)의 마음! 땅설법지화(紙花)

라망화(羅網花)

인드라망은 제석천의 궁전 위에 끝없이 펼쳐진 그물입니다. 이 그물에는 보배 구슬이 달려있고, 한 구슬은 다른 모든 구슬을 비춥니다. 끊임없이 서로 연결되어 온 세상에 퍼지는 연기법(緣起法)을 드러냅니다. 화엄학에서 부처님께서 온 세상 구석구석에 머물고 있음을 상징하는 말입니다.

라망화는 팔길상공양을 올릴 때 장엄하거나, 부처님 전에 떡 공양을 올릴 때 높이 고이기 위해 가는 새끼로 망을 짜는데 그 밑 끝마다 둥근 라망 장식을 답니다. 따로 조성하여 공양 상에 올릴 경우, 작고 가는 나뭇가지에 달아서 세웁니다.

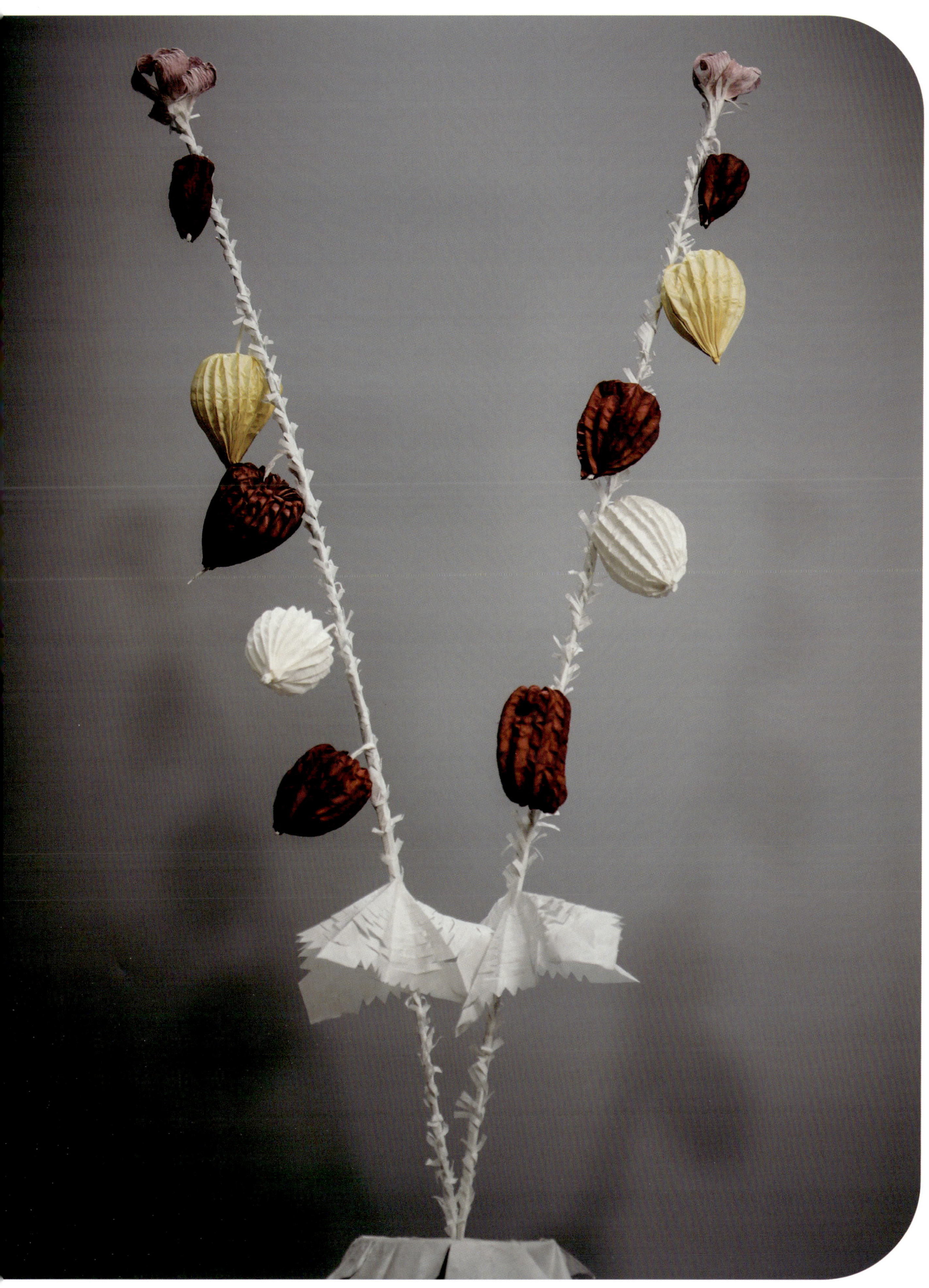

여래(如來)의 마음! 땅설법지화(紙花)

국화(菊花)(실국화, 주발국화, 대국화)

국화는 여러 가지가 있습니다. 크게 만드는 대국화, 실처럼 길게 꽃잎을 만든 다음 감아 만드는 실국화, 가위로 잘라 만드는 가시게국화, 덤불 모양으로 만드는 덤불국화, 정으로 찍어 만드는 정국화(공약물위에 주로 올리는 주발국화) 등이 있습니다.

꽃잎은 쇠로 된 끌게로 만드는 방법, 나무 끝에 홈을 판 뒤 끌어서 만드는 방법, 칼로 살을 잡은 후 자르는 방법, 철사나 명주 줄에 문질러 살을 잡는 방법, 가위로 잘라서 만드는 방법 등이 있습니다. 공양물 위를 장식하는데 주로 쓰입니다.

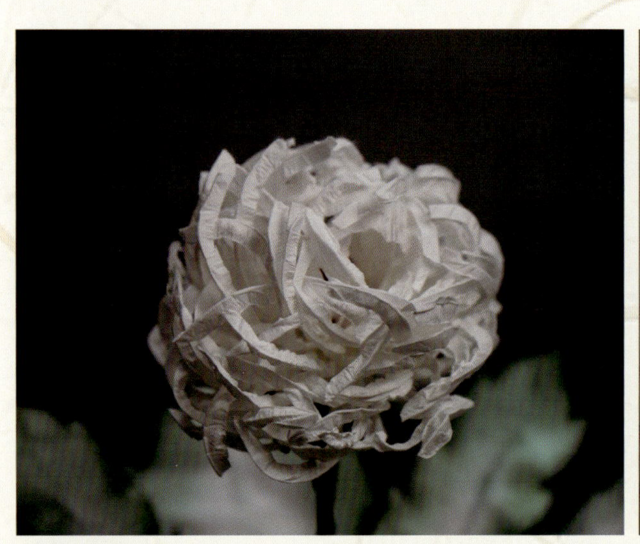

실국화

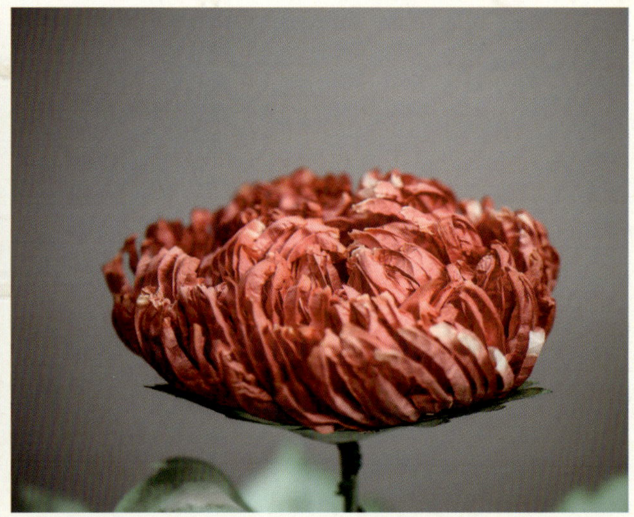

주발국화

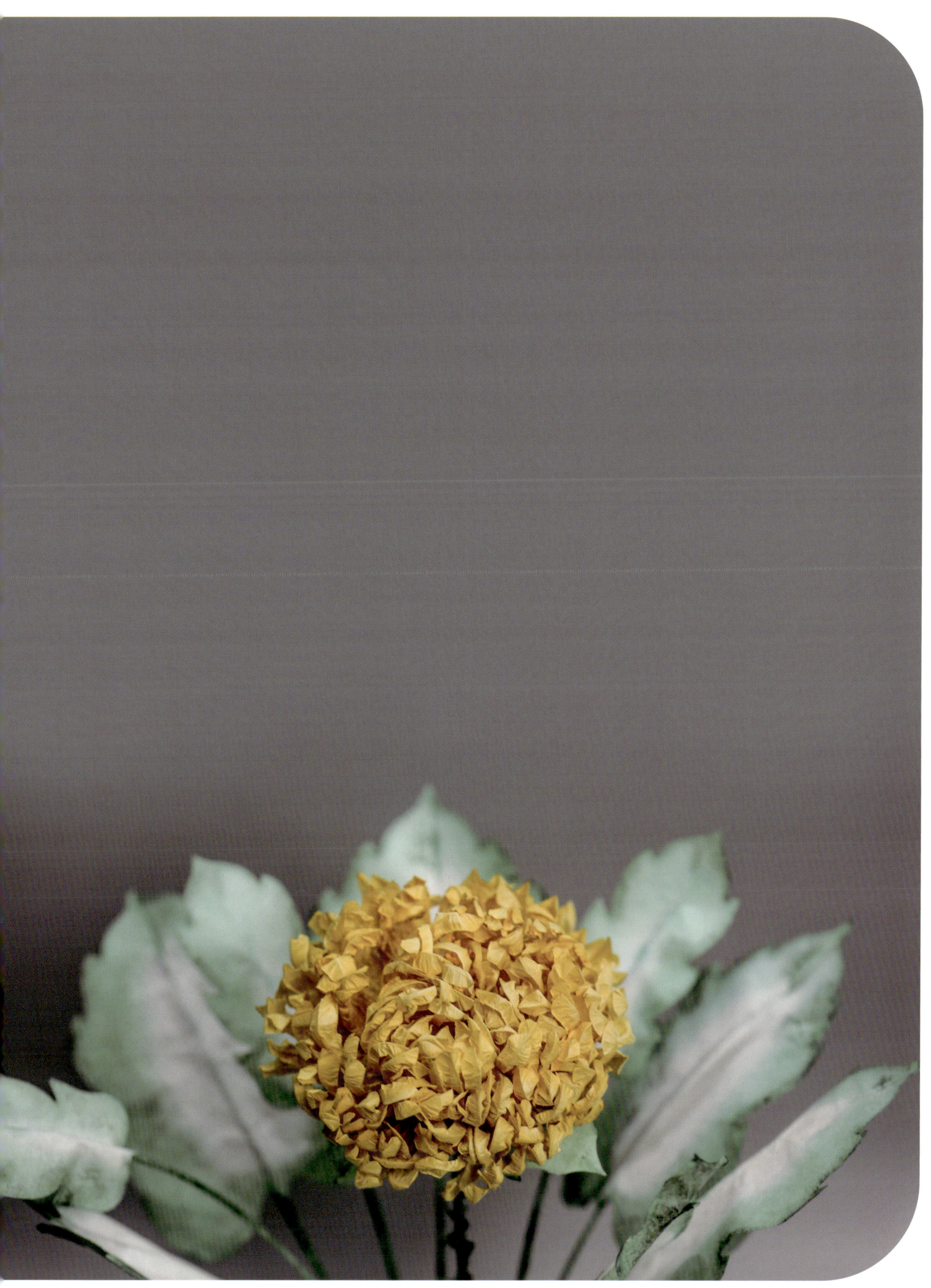

여래(如來)의 마음! 땅설법지화(紙花)

사개모란(四開牧丹)

제석천왕재를 할 때 제석천왕님 전에 올리는 공양물입니다. 영산재나 수륙재 등의 불교의례에서는 불단 앞 바닥에 화대를 놓고 모란꽃 공양을 올리기도 합니다. 모란찬을 하며, 모란찬 작법도 있습니다. 국운융창, 자손창성 등을 기원하는 의미로 쓰입니다. 특히 왕실에서 많이 쓰던 꽃으로 민간에서도 부귀를 기원할 때 많이 씁니다.

붉은 사개모란은 붉게 염색한 둥근 한지를 4등분으로 자른 다음, 밑부분을 조리개로 조여서 꽃잎을 세우고 두 장을 포개어 만듭니다. 종이가 귀한 시절 모란꽃으로 주로 사용하였습니다.

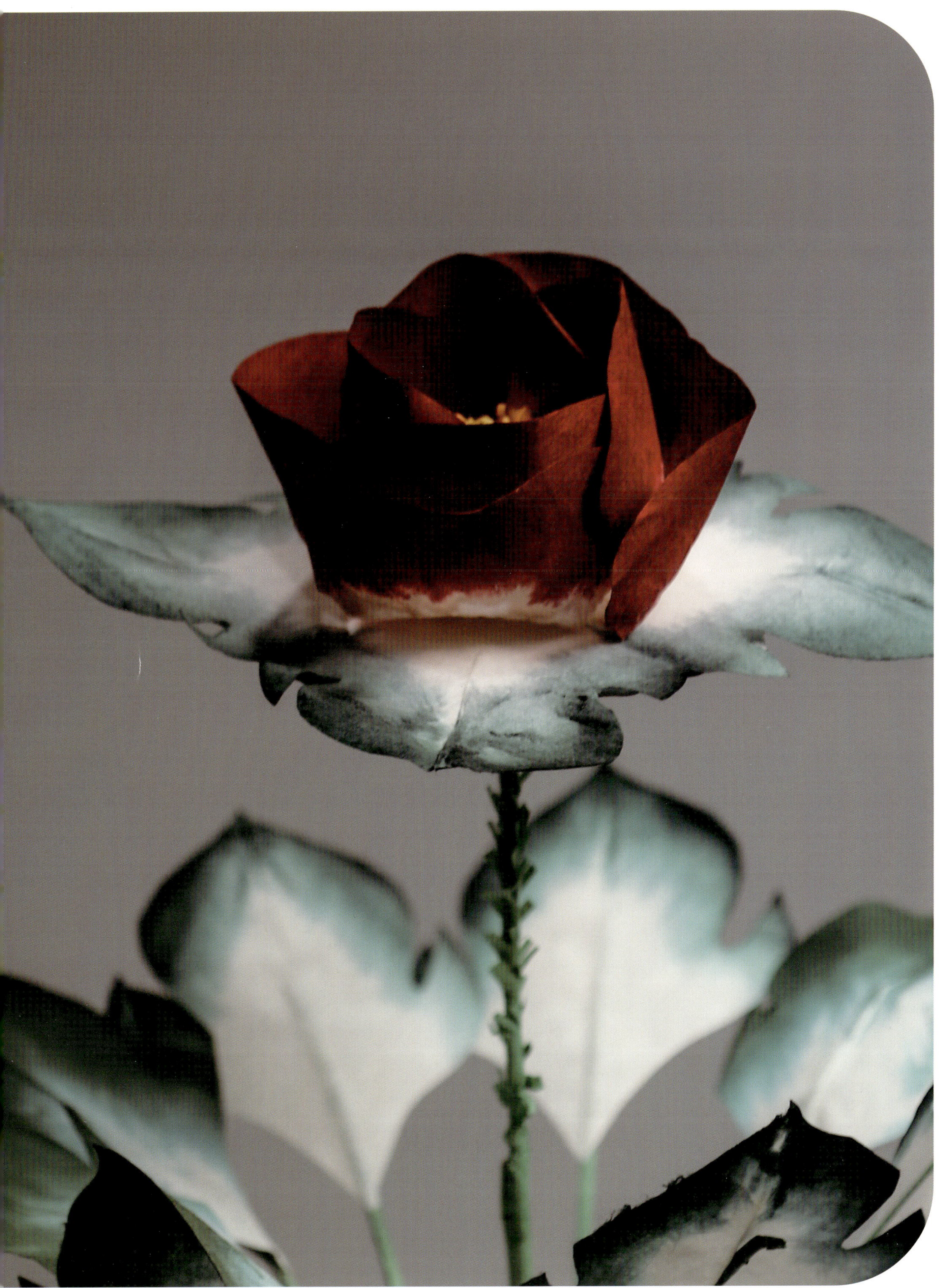

여래(如來)의 마음! 땅설법지화(紙花)

지화는 단순히 꾸며서 여러 대중에게 아름답게 보이도록 하는 것이 목적이 아니며, 지화를 조성함으로 인해 지화 자체가 신비한 힘을 발휘합니다. 즉 진언이나 다라니와 같은 힘이 있습니다.

영산작법 등을 할 때 '조전점안(造錢點眼)'이라는 의식이 있습니다. 종이로 돈 모양을 만들어 놓고 점안함으로써 한낱 종이가 저승세계인 명부의 실재 돈이 되고, 공덕을 베푸는 데 쓸 수 있어 영가의 업장을 줄이는 명전(冥錢)이 됩니다. 이와 마찬가지로 불교의례에서 지화는 정성스럽게 만들어 각각의 용도에 맞게 설단하면 진언이나 다라니와 같은 힘이 생깁니다.

이는 천도재 등의 의례에서 '진언점안'이라 하여 종이에 적어서 법회장에 거는 진언 · 다라니 번, 기타 지화나 장엄물에도 점안을 하는 이치입니다.

04

기도 발원을 위한 지화

칠칠화(七七花)

칠칠화는 사십구재에 쓰이는 꽃입니다. 사십구재를 지낼 때 『예수시왕생칠경(預修十王生七經)』에 따라 칠일마다 영가의 해당 시왕과 원불께 공양을 올립니다. 칠칠화는 꽃심을 제외하고 7층으로 만듭니다. 각층의 꽃잎 형태와 무관하게 '칠칠화'라고 부릅니다. 영가가 각각의 원불을 찾아 기도 공양하고, 시왕의 심판을 잘 받아 지옥을 면하고 극락왕생하기를 기원하는 꽃입니다.

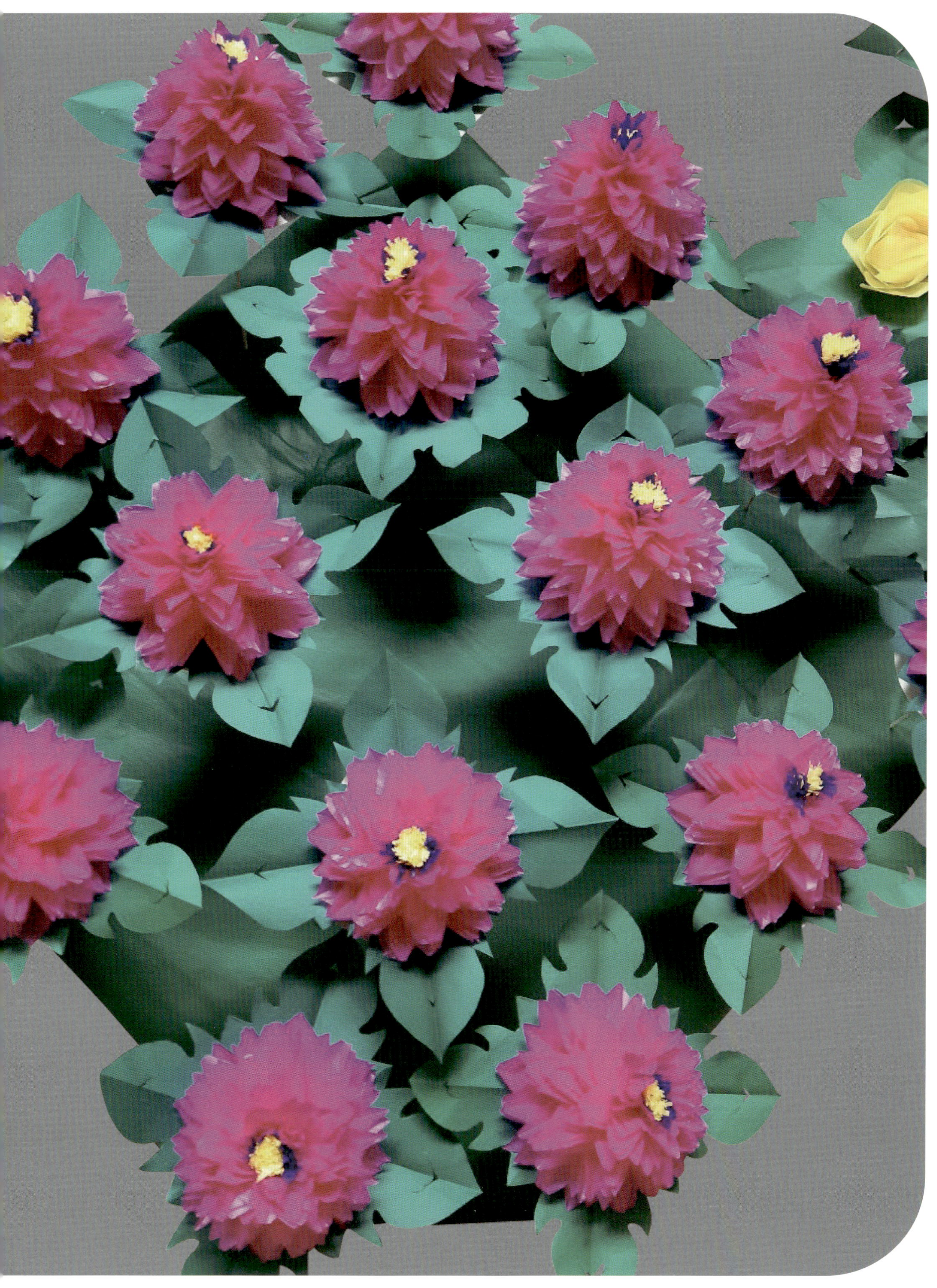

여래(如來)의 마음! 땅설법지화(紙花)

금등화(金藤花)

금등화의 별칭은 능소화(凌霄花)입니다. 옛날에는 양반집에만 심는 꽃이라 하여 '양반꽃'이라고도 불렀습니다. 또한 조선시대의 과거시험 장원급제자에게 임금님이 관모에 꽂아주는 어사화로도 쓰였다고 합니다. 시험합격이나 출세를 소망하는 지화입니다.

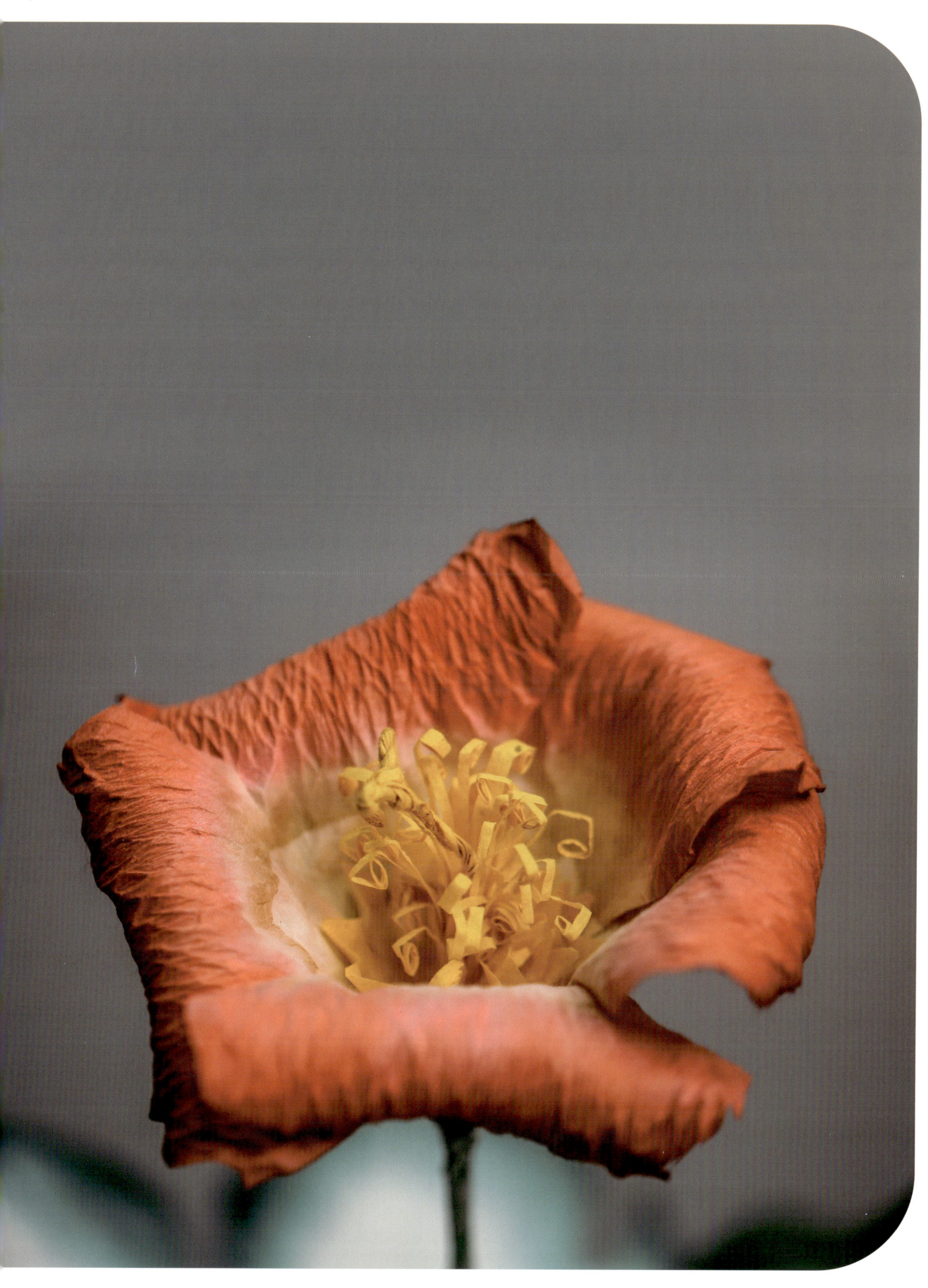

여래(如來)의 마음! 땅설법지화(紙花)

윤도국화(輪圖菊花)

윤도(輪圖)는 '바퀴모양 그림'이라는 뜻으로, 풍수를 따질 때 나침반 역할을 하는 물품입니다. 패철이라고도 합니다. 윤도판의 방향을 가리키는 뾰족한 철심의 모양을 닮아서 윤도국화라고 합니다. 아이들이 바른길을 가기를 소망하며 공양을 올리는 꽃입니다.

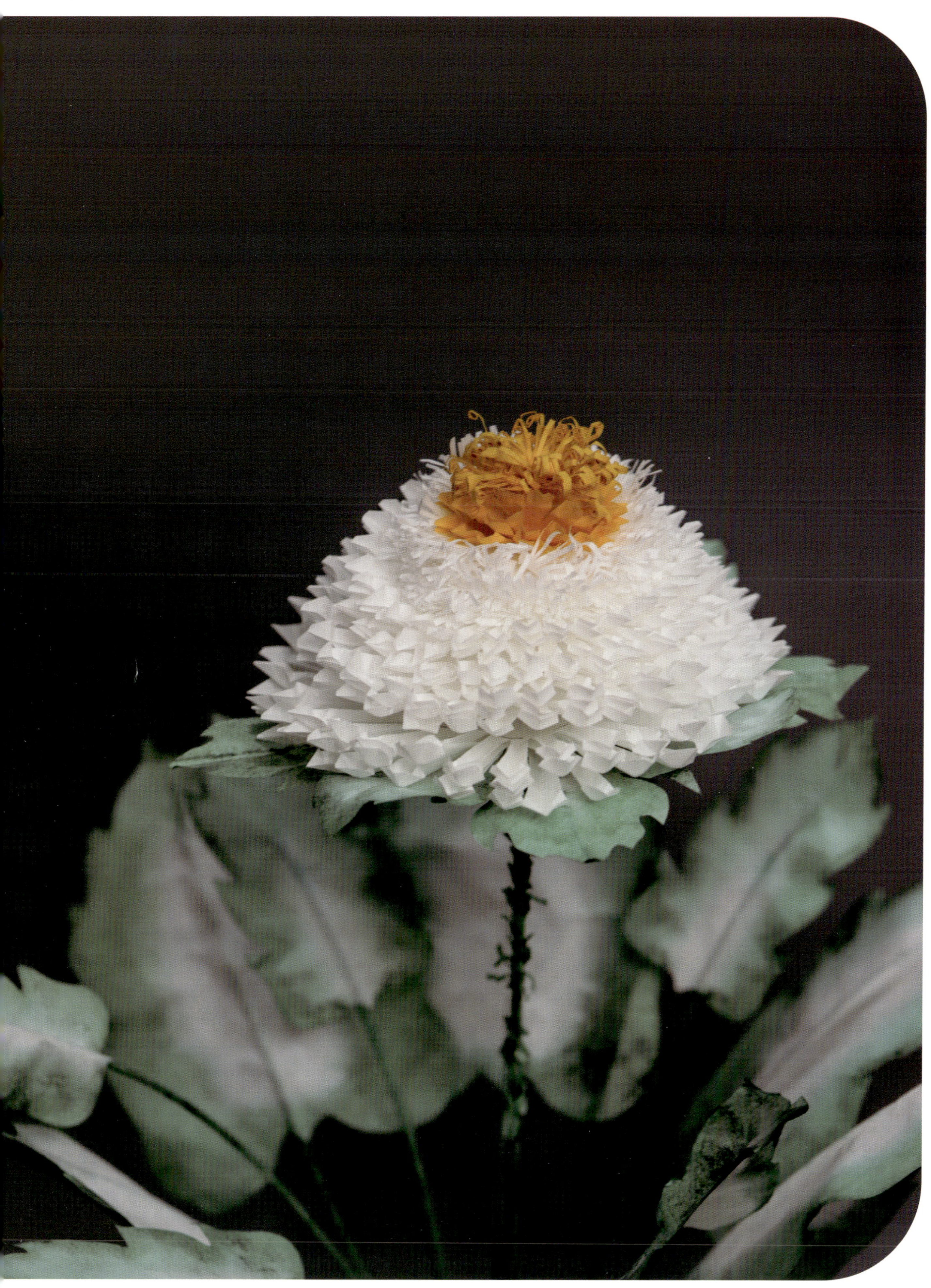

여래(如來)의 마음! 땅설법지화(紙花)

동자화(童子花)

옛날에 한 스님이 동자승과 수도하고 있었습니다. 겨울이 되어 공양미가 떨어져서 스님은 탁발을 나갔습니다. 내일이면 돌아오리라 하고 탁발을 나갔는데 그날 밤 폭설이 내렸습니다. 나중에 스님이 돌아와 보니 동자는 얼어 죽어 있었습니다. 동자를 양지바른 곳에 묻어 주었는데 동자가 묻힌 곳에서 붉은 꽃들이 피어나자 사람들이 그 꽃을 동자꽃이라 불렀다고 합니다.

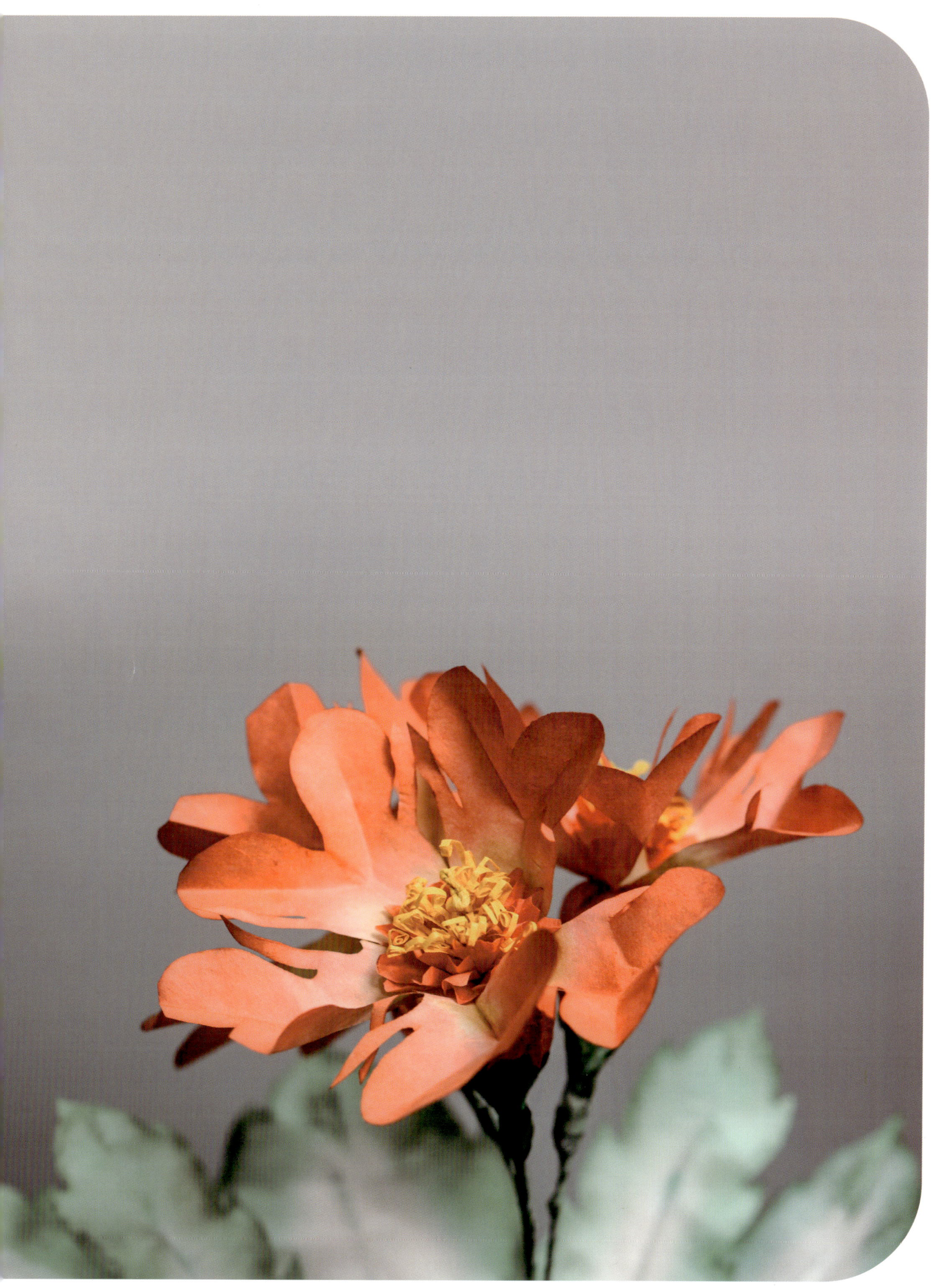

여래(如來)의 마음! 땅설법지화(紙花)

작복화(作福花)

복을 짓는다는 의미의 이름입니다. 포대화상의 배와 복주머니를 닮았습니다

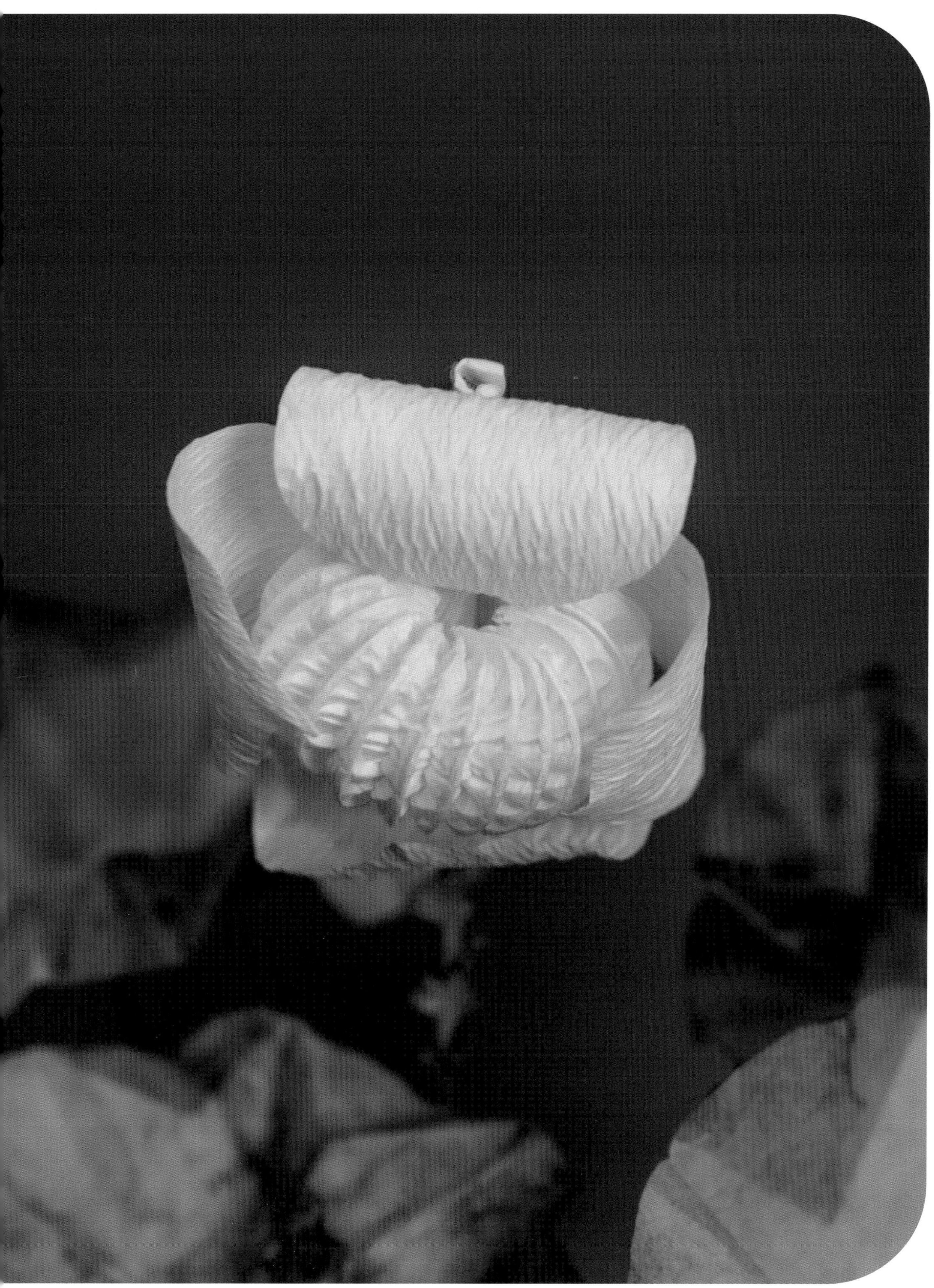

여래(如來)의 마음! 땅설법지화(紙花)

연꽃

『장아함경』에는 염부제(閻浮提)의 사람들이 귀하게 여기는 물에 피는 꽃으로, 우발라화(優鉢羅華) · 발두마화(鉢頭摩華) · 구물두화(拘物頭華) · 분타리화(分陀利華) · 수건두화(須乾頭花)가 있다고 합니다. 인도에서는 연꽃을 크게 우발라화와 발두마화로 나눕니다. 우발라화는 수련(睡蓮)이고 발두마화가 연꽃에 해당합니다.

『무량수경(無量壽經)』 상권에서는 정토를 장엄하는 꽃으로 청련화인 우발라화(優鉢羅華), 홍련화인 파두마화(波頭摩華), 황련화인 구물두화(俱物頭華), 백련화인 분타리화(分陀利華)가 나옵니다.

연화 잎의 제작방법으로 3가지가 있습니다. 첫째는 종이를 직사각형으로 잘라서 굵은 대통이나 병에 대고 실을 감아 조여서 연잎을 만드는 방법입니다. 둘째는 칼로 살을 접는 방법인데 낱장 잎 붙임이 아닌 통으로 연화잎을 제작할 때 쓰입니다. 셋째는 종이를 조여서 한쪽 방향 주름을 잡든지, 양쪽으로 조여 표면을 입체감 있게 만든 다음 가위로 연잎 모양을 만드는 방법입니다. 아래 사진은 일반적인 첫째 방식이 아닌 둘째, 셋째 방식입니다.

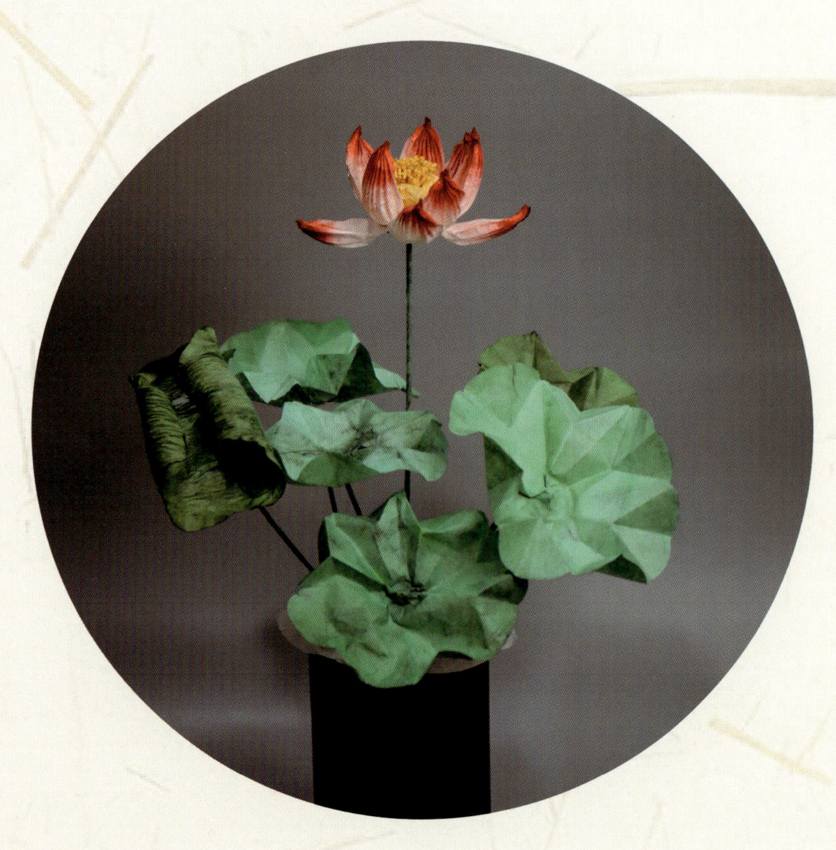

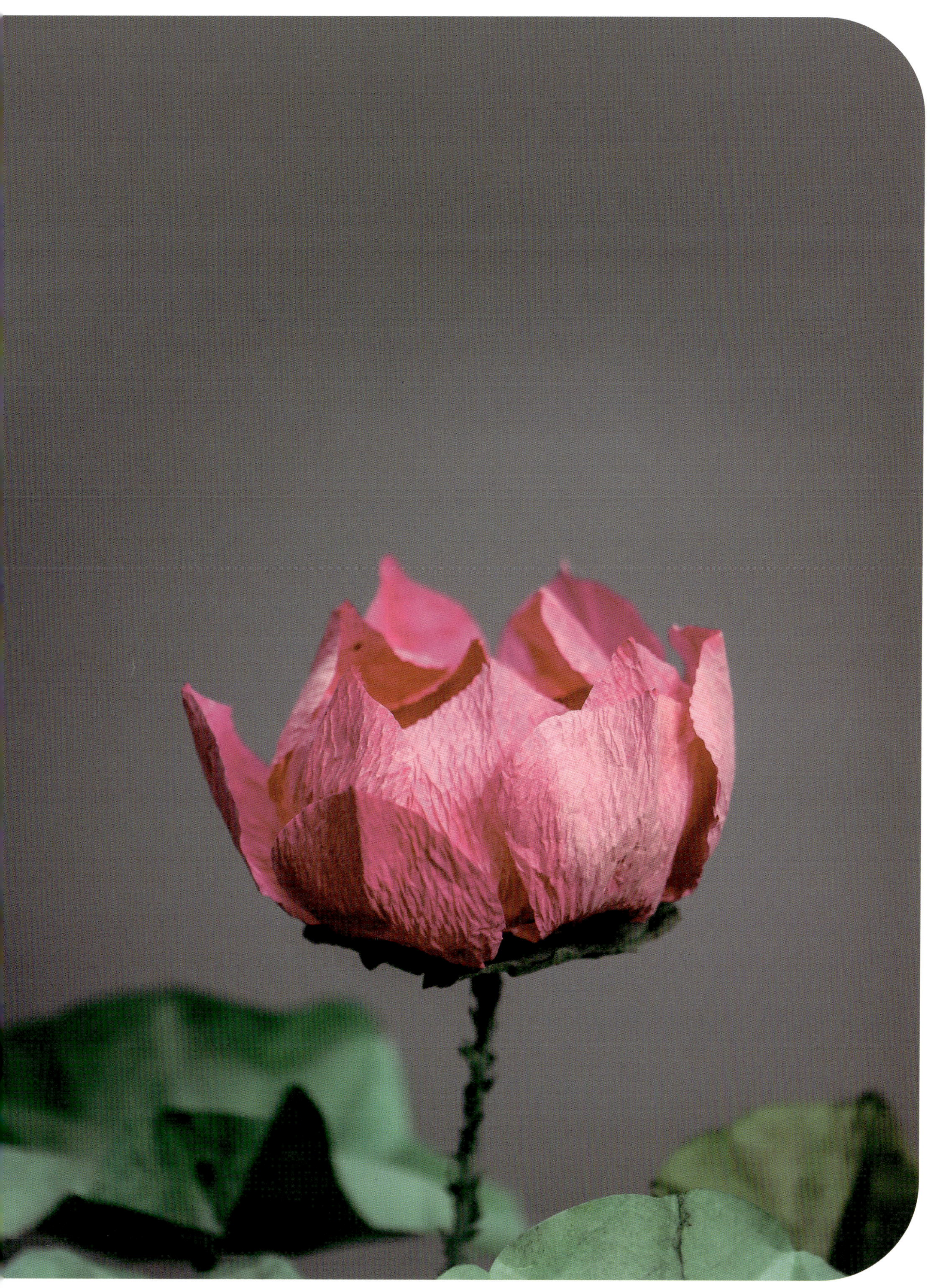

여래(如來)의 마음! 땅설법지화(紙花)

삼신동자화(三神童子花)

산신각에서 자식의 잉태를 발원하는 기도를 할 때 올리는 지화입니다. 삼신(三神)은 '세 분의 산신(產神)'이라는 의미로 태혈산 산신(產神), 골육산 산신. 수명산 산신을 말합니다. 이들 세 분의 산신이 합심하여 자식을 점지해야 건강하고 수명장수 하는 아기가 탄생한다고 봅니다. 따라서 자식이 빨리 생기지 않을 때 민간에서는 '삼신 타기'를 합니다. 이때 삼신이 바로 이 세 분의 신입니다. (꽃봉우리 안에 아기의 모양을 오려서 넣습니다. 실제 기도에서는 3송이를 묶어서 사용합니다.)

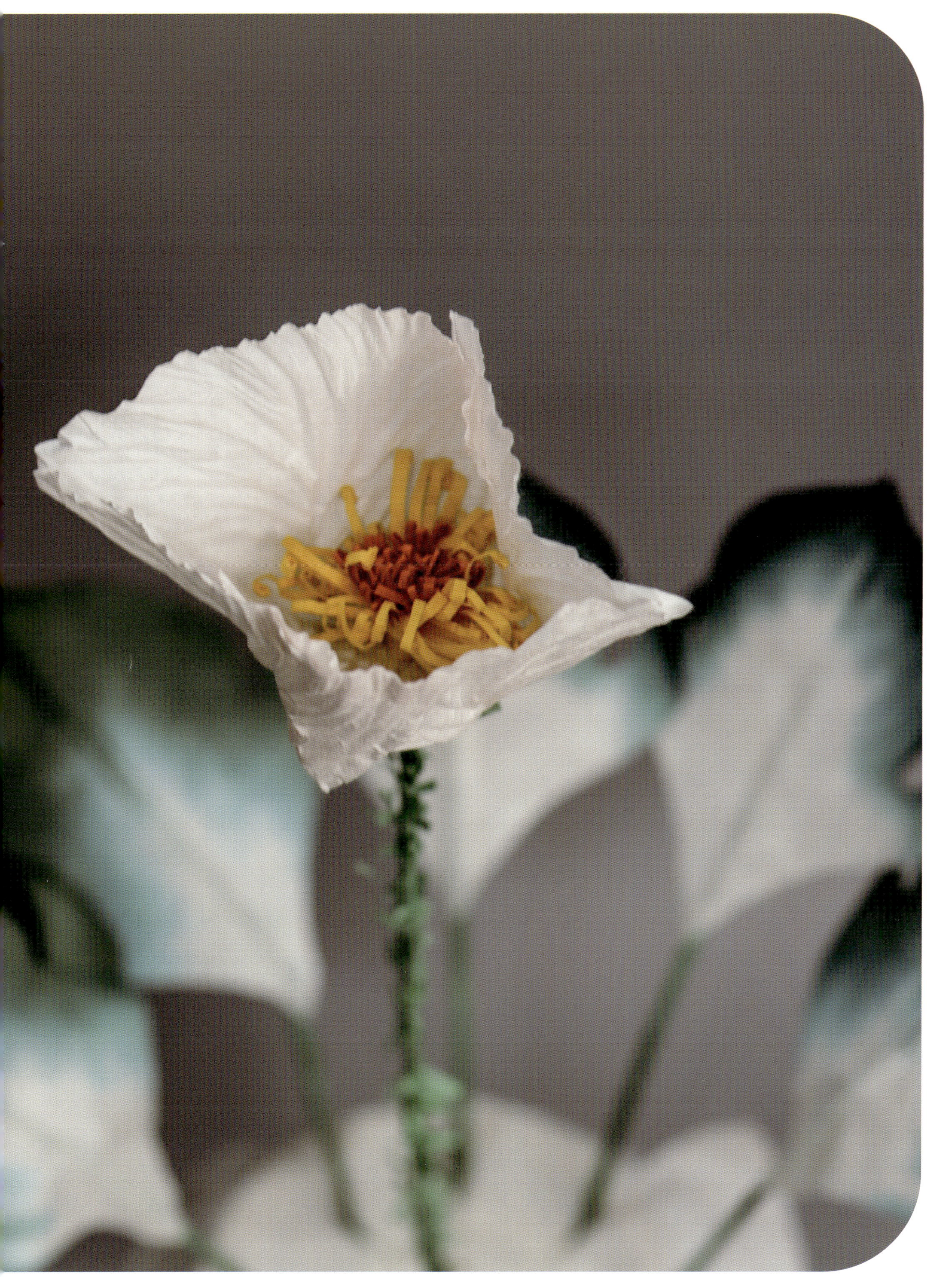

여래(如來)의 마음! 땅설법지화(紙花)

무환자꽃(無患子-, 금강자꽃)

무환자(無患子) 나무는 무환수(無患樹)라고도 부릅니다. 집안에 심으면 자식에게 근심이 없어지고 환자가 생기지 않는다고 합니다. 금강자라고도 하고, 무환자나무 씨앗으로 염주(念珠)를 만들기도 하므로 염주나무라고도 부릅니다. 환자를 위한 기도를 드릴 때 구병시식 전에 『약사경』을 독송하며 약사여래칠불공덕화와 무환자꽃을 불전에 공양하기도 합니다.

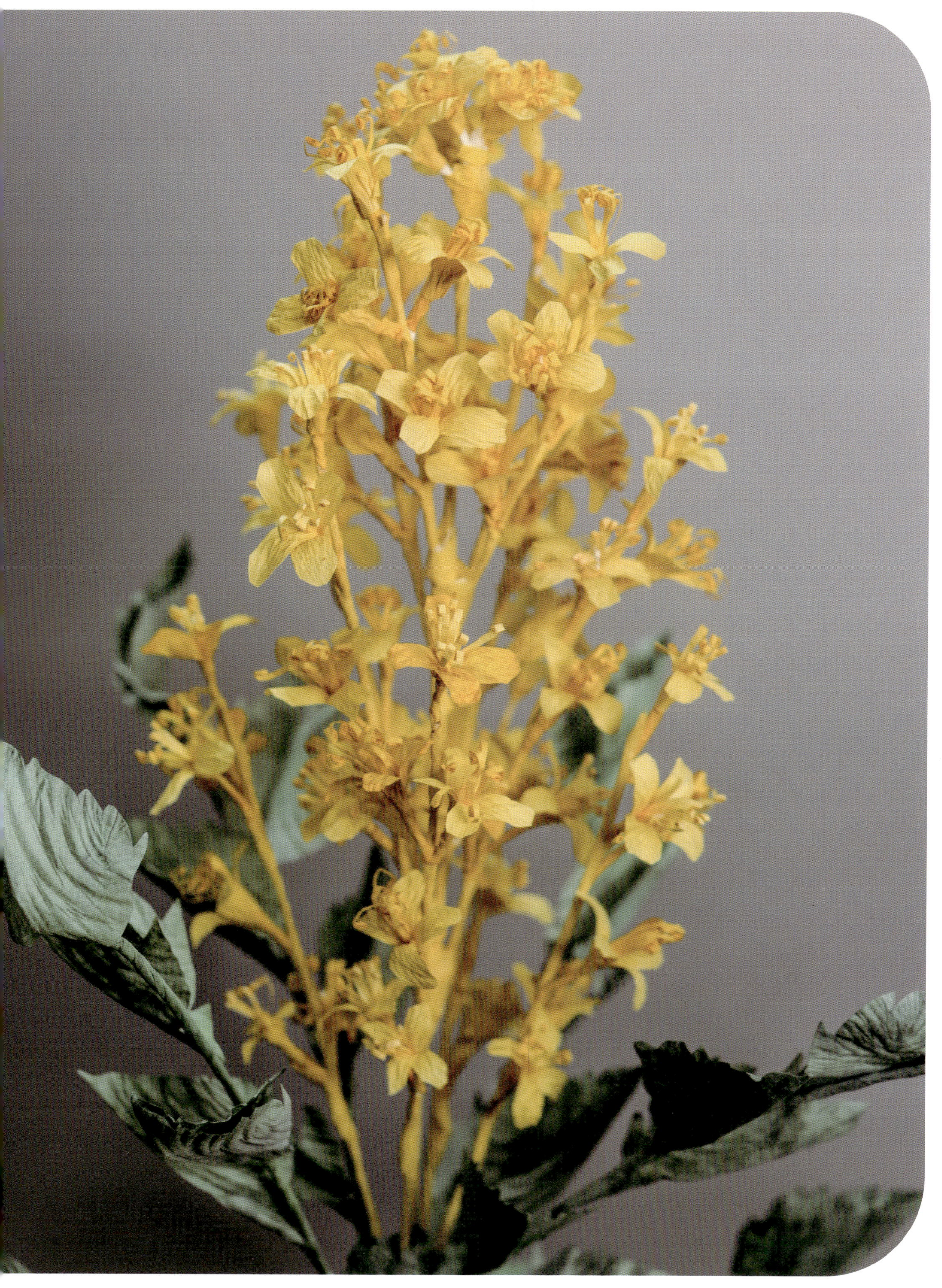

여래(如來)의 마음! 땅설법지화(紙花)

조개꽃[合掌花]

두 손을 모은 듯하여 합장화, 조개처럼 보여서 조개꽃이라고도 합니다. 다른 꽃과 같이 설단하여 보조적인 지화로 쓰입니다.

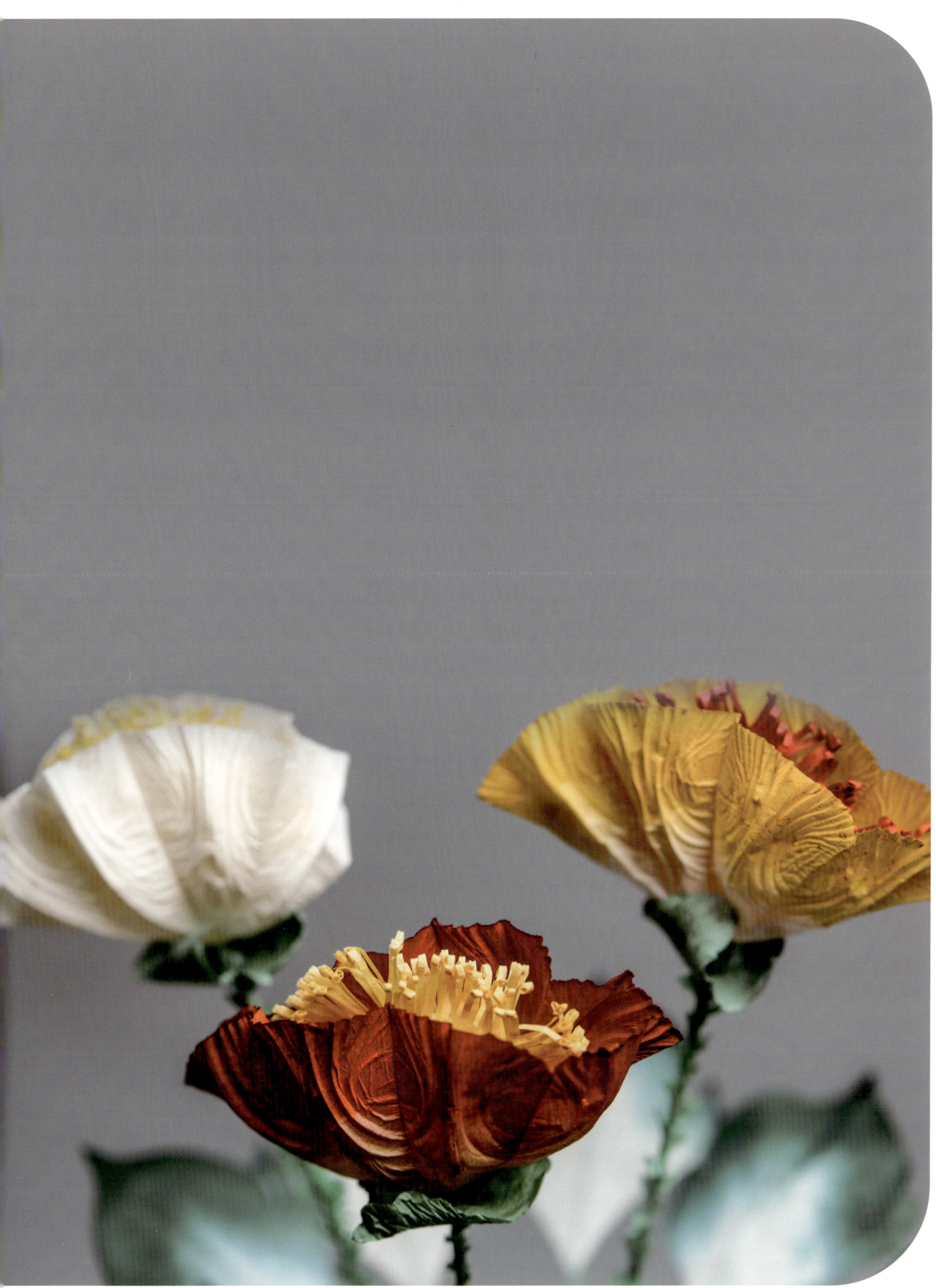

여래(如來)의 마음! 땅설법지화(紙花)

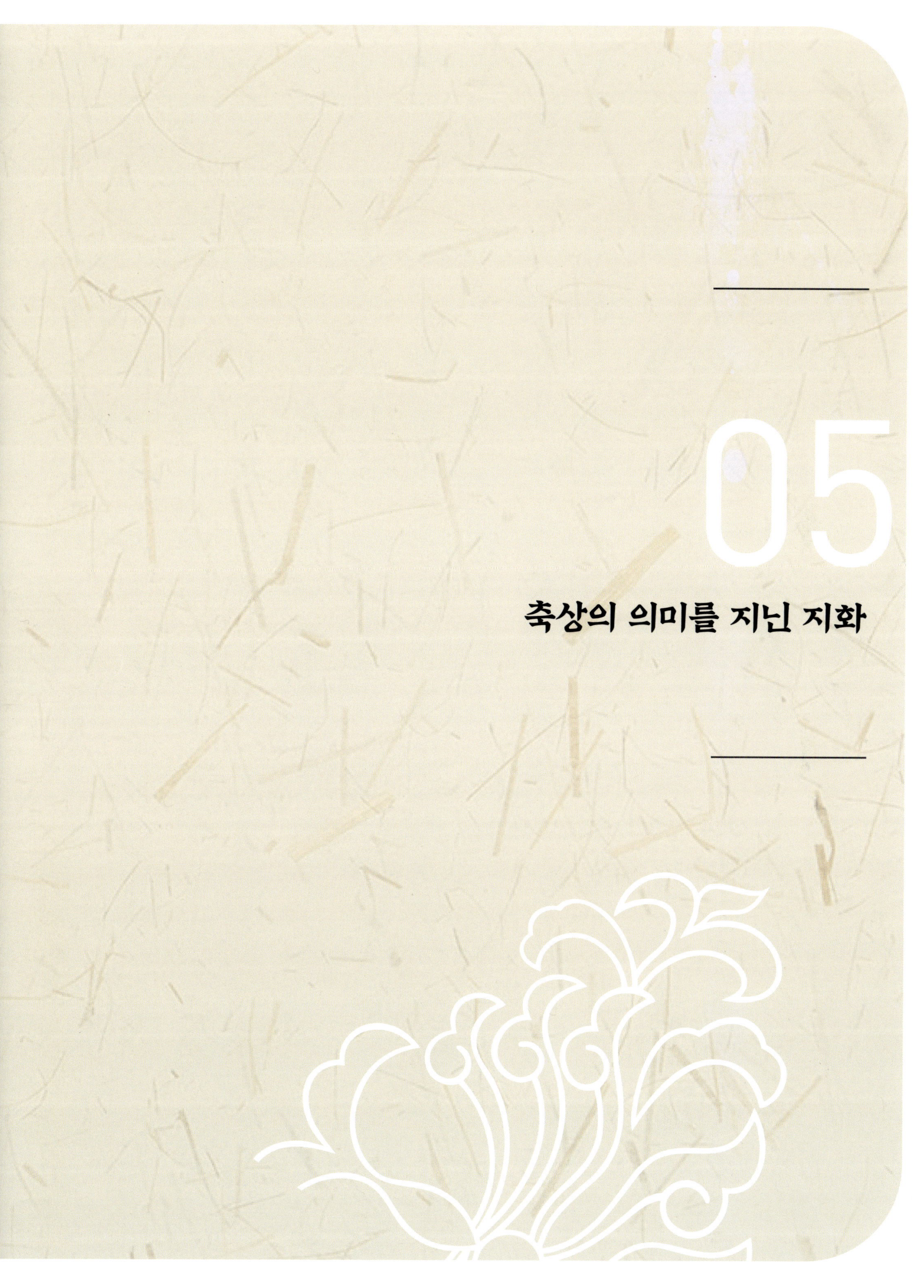

05

축상의 의미를 지닌 지화

보상화화(寶相華花)

보상화화는 천상의 꽃으로 꽃잎은 여섯 잎으로 구성되며, 법당 천정의 반자에 많이 그려집니다.

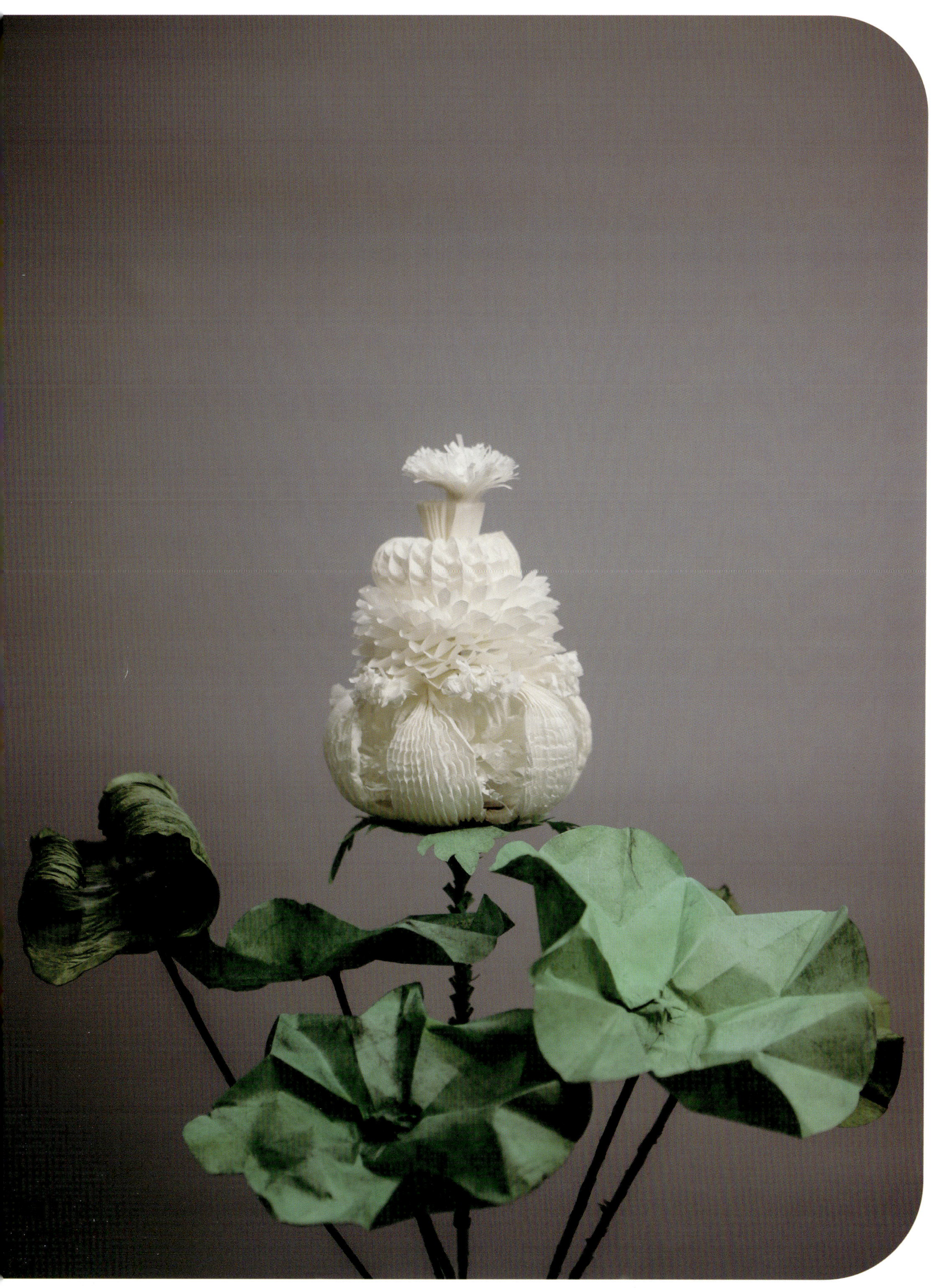

여래(如來)의 마음! 땅설법지화(紙花)

우담바라(優曇婆羅)

전륜성왕(轉輪聖王)이 나타날 때 피는 꽃으로 상서로움을 나타냅니다. 3천 년에 한 번 핀다고 알려진 꽃입니다.『불본행집경(佛本行集經)』에서는 우담바라를 보거나 필 때 중생들이 구제받는다고 말씀하고 있습니다.

『대반야바라밀다경(大般若波羅蜜多經)』에서는 '여래의 묘음(妙音)을 듣는 것은 드물고 귀한 일로, 우담바라를 보는 것과 같다'고 비유하였습니다.『법화경』에서도 모든 부처님의 지혜는 끝이 없어 적은 지혜로는 알 수 없으며 마치 우담바라가 때가 되어야 피는 것과 같다고 했습니다.

『무량수경』에서는 우담바라가 사람의 눈에 띄는 것은 상서로운 일이 생길 징조라고 했습니다. '법화의소(法華義疏)'에서는 공기화(空起花)라고 합니다.

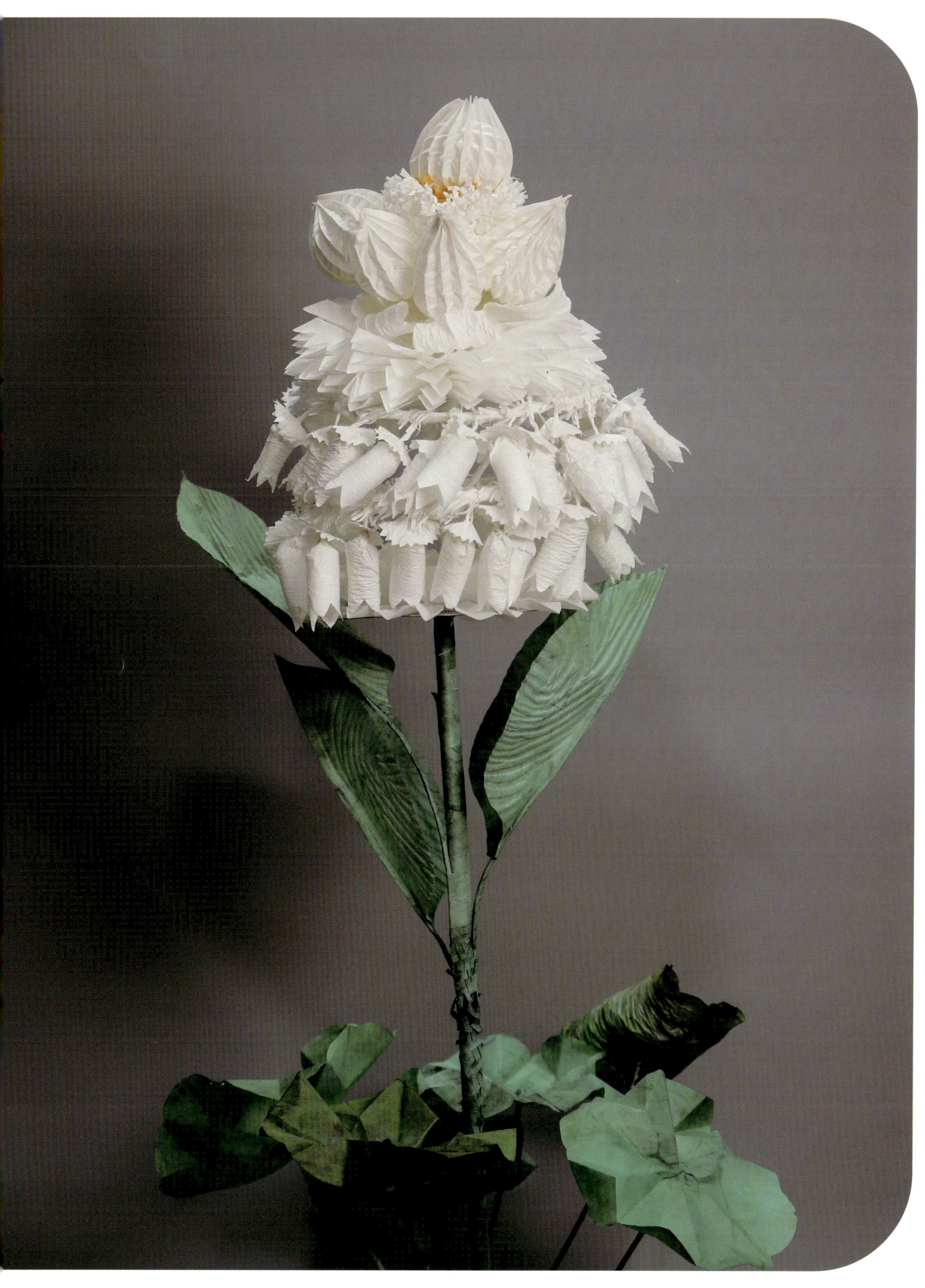

여래(如來)의 마음! 땅설법지화(紙花)

전심화(傳心花)(=파초사북)

중국의 혜가(慧可) 대사는 이름은 신광(神光)이고 성은 희(姬)입니다. 은사 스님을 떠나 달마대사를 찾아가, 아침저녁으로 법을 물었습니다. 그러나 달마대사는 언제나 묵묵부답이었고, 산광은 '옛사람들은 도를 구함에 있어 정성을 다했는데, 나는 왜 그와 같이 행하지 못하는가?'라고 생각하였습니다. 밤새 큰 눈이 내렸는데, 신광은 달마대사가 선정에 든 굴 밖에 서서 꼼짝도 하지 않고 밤을 지새웠습니다. 새벽이 되자 눈은 무릎이 넘도록 쌓였고, 달마대사는 그때까지도 꼼짝하지 않은 채 눈 속에 서 있는 신광을 보았습니다.

"무엇을 구하고자 함이냐?"하고 물으니, 신광은 "스승께서 어리석은 중생을 제도하여주옵소서."라고 답했습니다. 이에 달마대사가 "부처님의 위 없는 도는 오랜 겁 동안 부지런히 정진하며 행하기 어려운 일을 능히 행하고 참기 어려운 일을 능히 참아야 얻을 수 있다. 그런데 너는 아주 작은 공덕과 하잘것없는 지혜와 경솔하고 교만한 마음을 지니고 있으면서 참다운 법을 바라느냐?"라고 말했습니다.

달마대사의 이 말씀을 듣고 신광은 칼을 뽑아 자기의 왼쪽 팔을 잘랐습니다. 그러자 땅에서 파초가 피어나서 잘린 팔을 받쳤다는 것입니다. 그 뒤 달마대사는 신광에게 '혜가'라는 법명을 지어주었고, 혜가는 달마대사로부터 법을 이어받아 중국 선종(禪宗)의 제2대 조사(祖師)가 되었습니다.

이러한 연고로 전강이나 수계법회에 사용하는 꽃이 사북파초(전심화)입니다. 화엄성주대재나 화엄칠성대재에서 반가좌(半跏座) 전심에 쓰입니다.

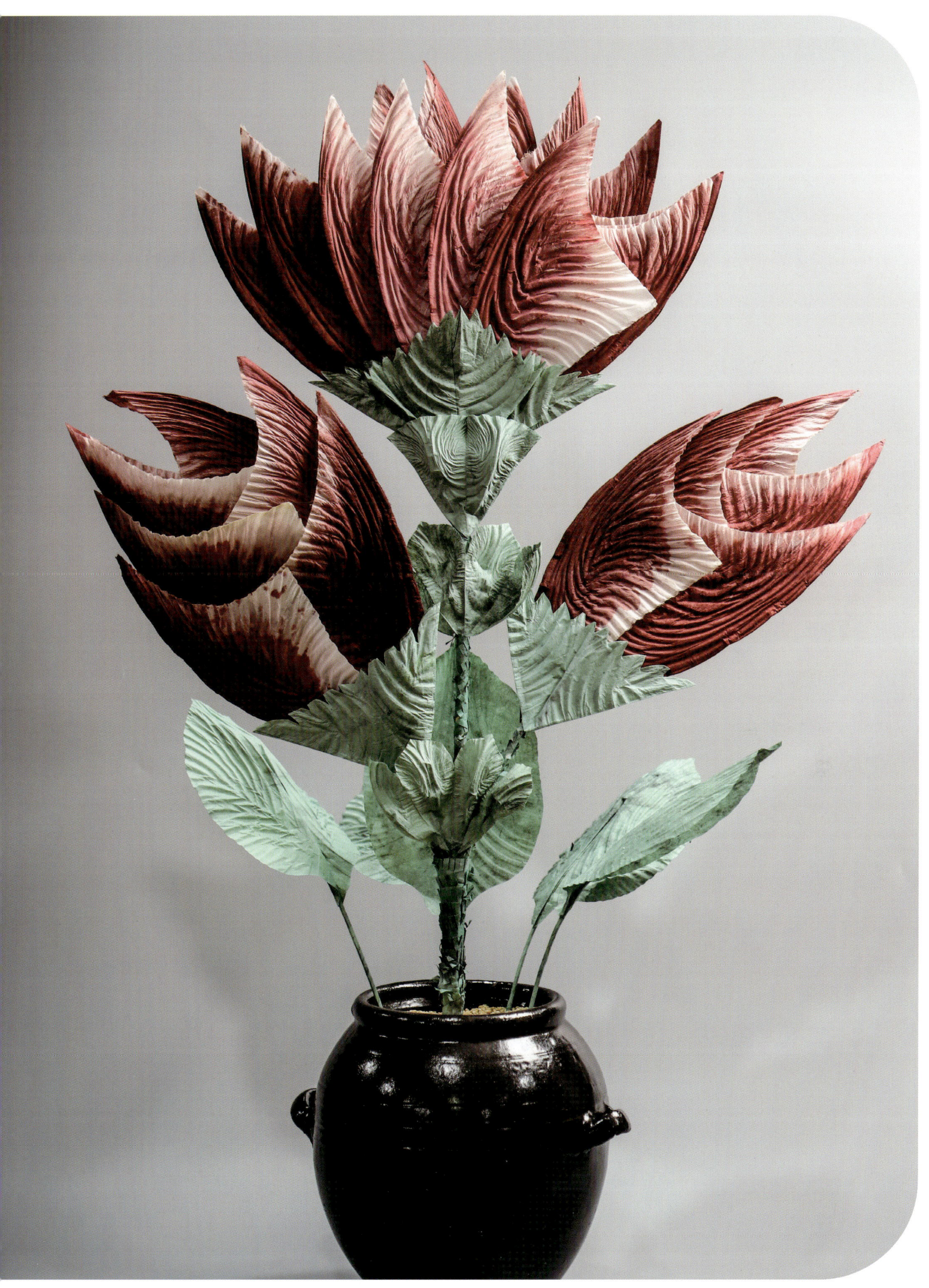

여래(如來)의 마음! 땅설법지화(紙花)

┃ 운화

궐련화와 같이 말지만 끝부분을 대각으로 엇썰어서 처리합니다.

궐련화와 같이 말지만 끝부분을 대각으로 엇썰어서 처리합니다.

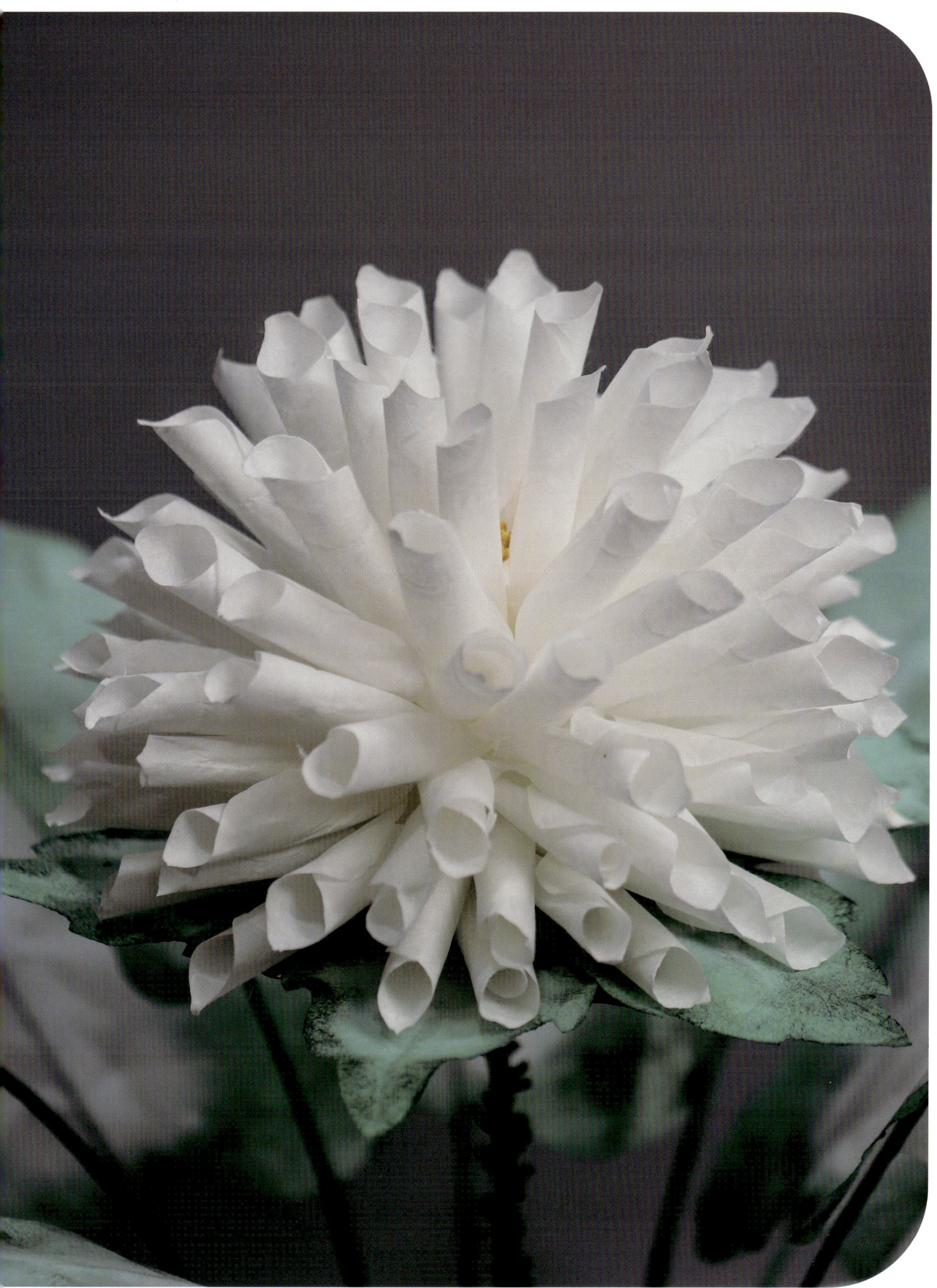

여래(如來)의 마음! 땅설법지화(紙花)

무우수화(無憂樹花)

부처님의 어머니 마야부인이 싯다르타 태자를 출산 할 때 붙잡은 나무입니다.

석가탄신일이나 점안법회에 공양합니다.

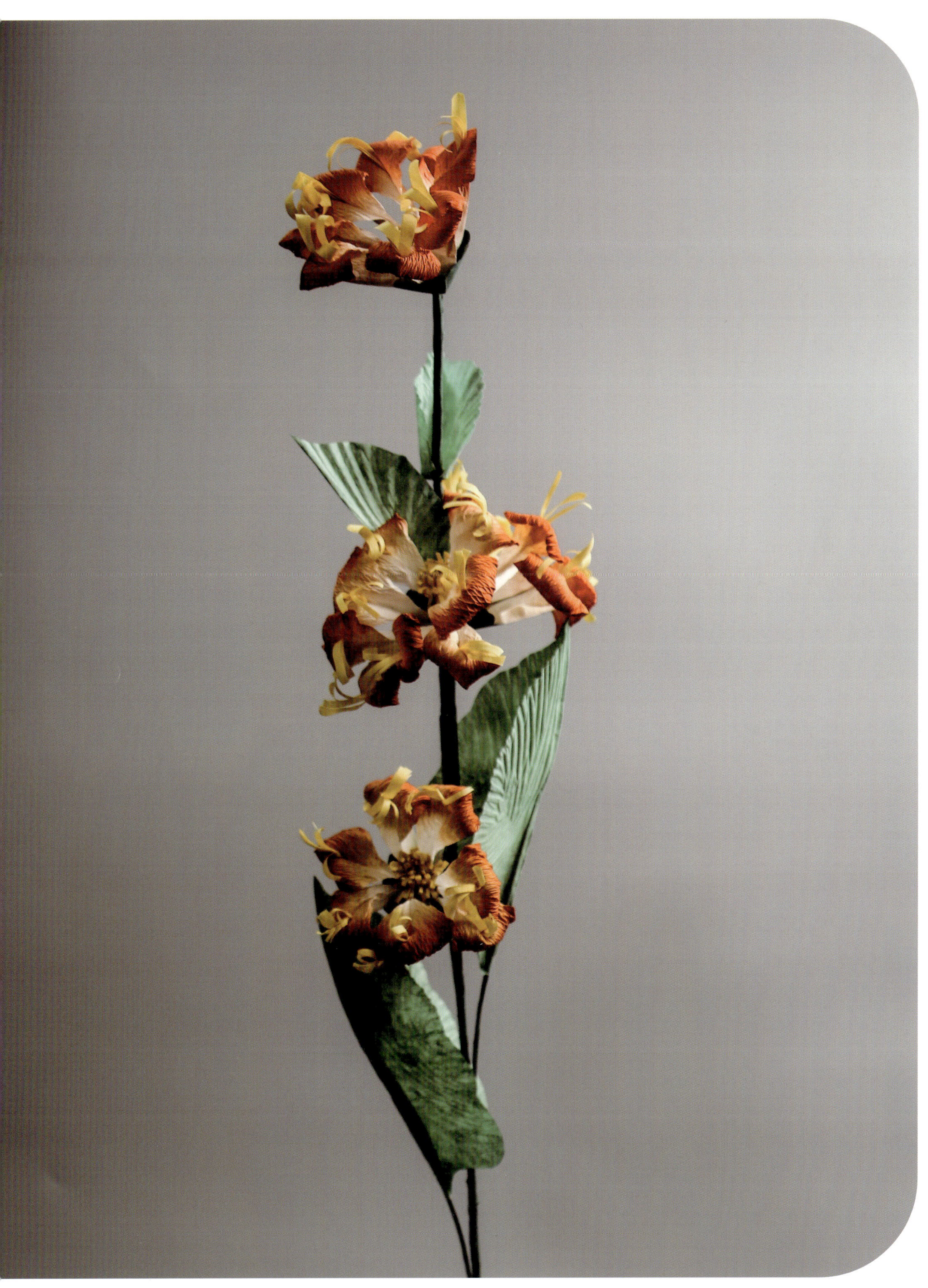

여래(如來)의 마음! 땅설법지화(紙花)

보리수화(菩提樹花)

석가모니 부처님이 성도한 성도재일에 공양합니다.

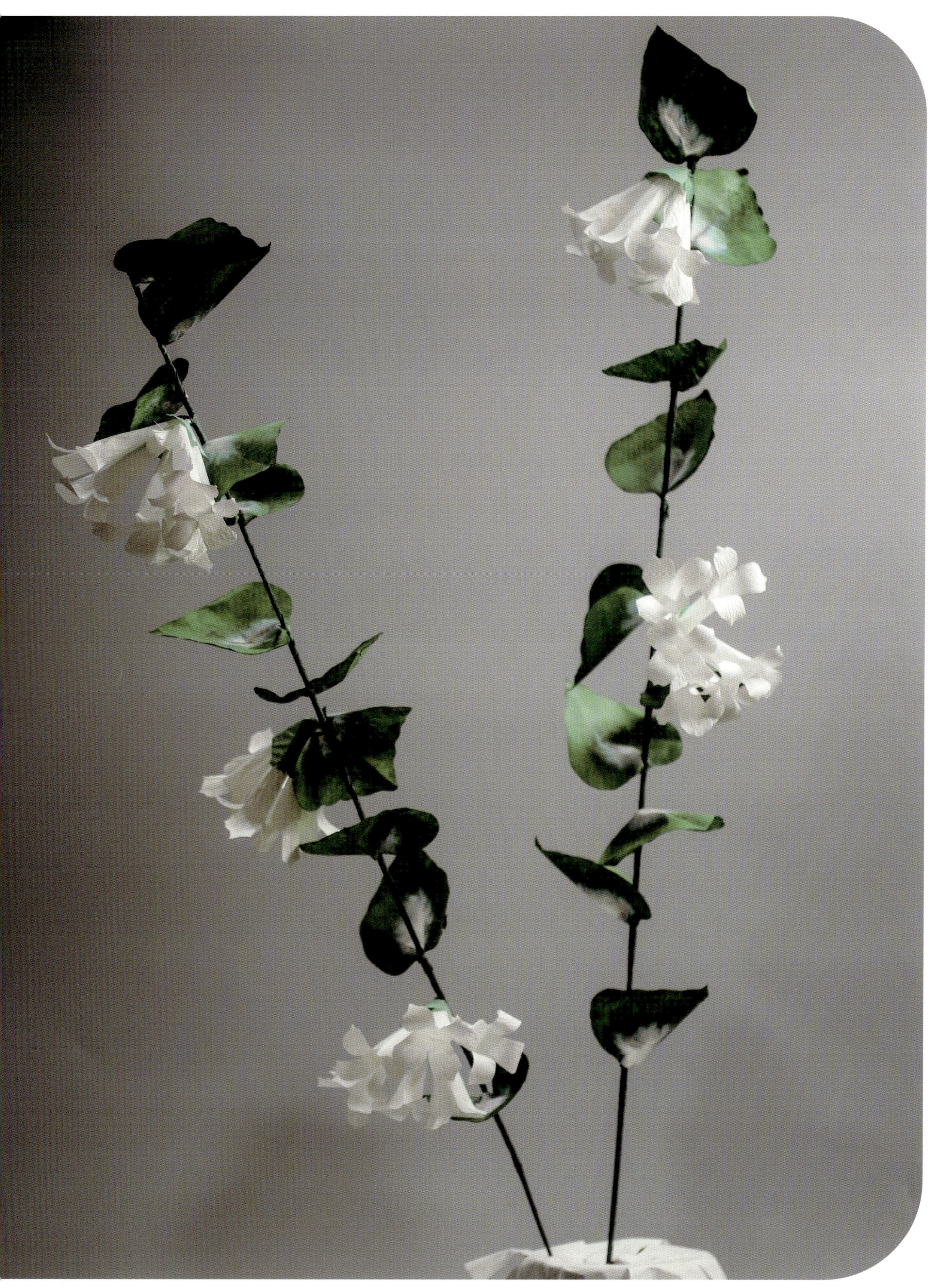

여래(如來)의 마음! 땅설법지화(紙花)

사라수화(沙羅樹花)

석가모니 부처님이 열반에 들 때 사방에 한 쌍씩 서 있었던 나무 입니다. 동쪽의 한 쌍은 상주(常住)와 무상(無常)을, 서쪽의 한 쌍은 진아(眞我)와 무아(無我)를, 남쪽의 한 쌍은 안락(安樂)과 무락(無樂)을, 북쪽의 한 쌍은 청정(淸淨)과 부정(不淨)을 상징합니다.

열반재일이나 열반경 강설 시에 진설한다.

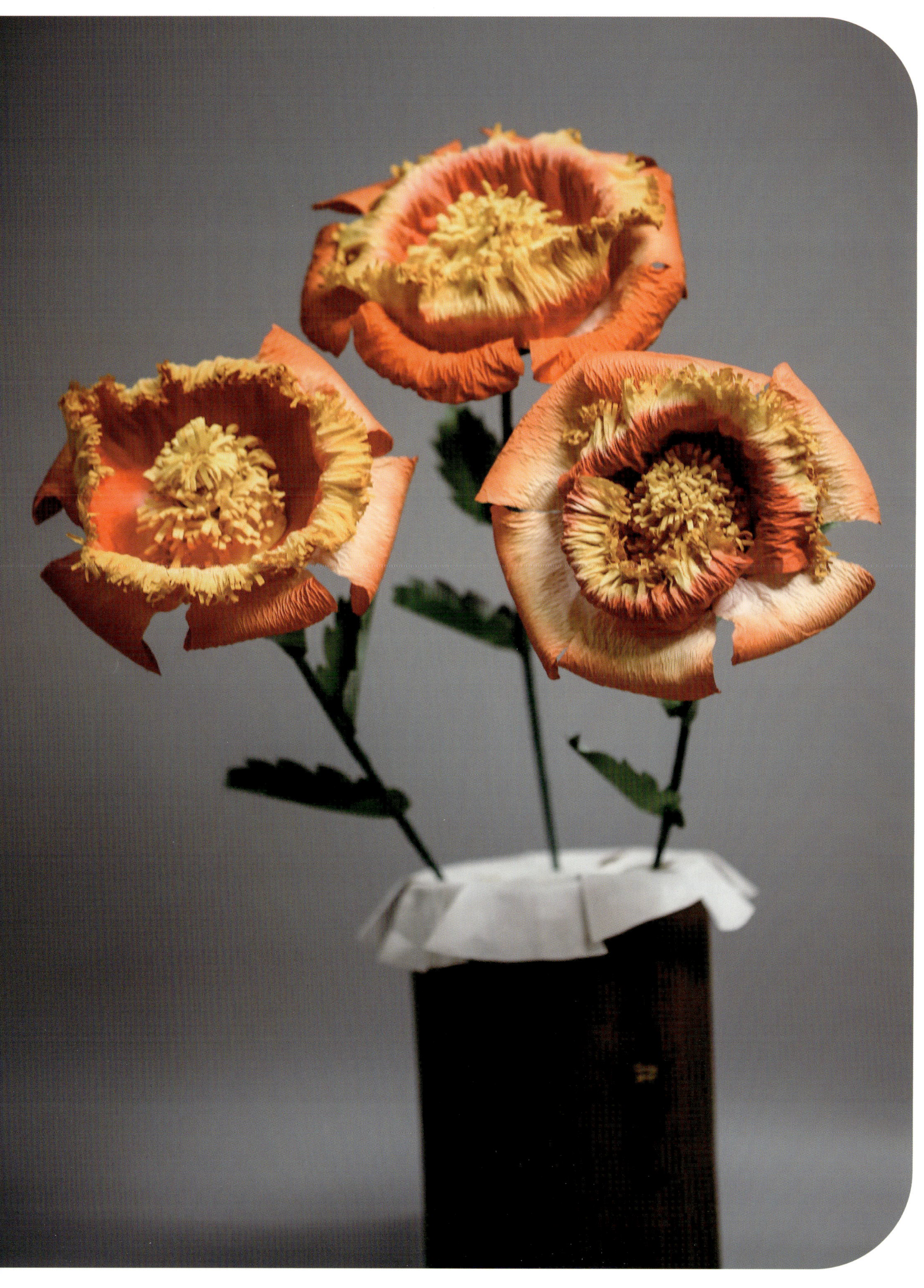

여래(如來)의 마음! 땅설법지화(紙花)

파련화(波蓮花)

파도치는 연꽃, 즉 보살이 중생들을 제도하기 위하여 수류응동(隨類應同)함을 드러내는 꽃으로 길
상의 여러 형상 중에서 상위로 여깁니다.

여러법회에 고루 사용 됩니다.

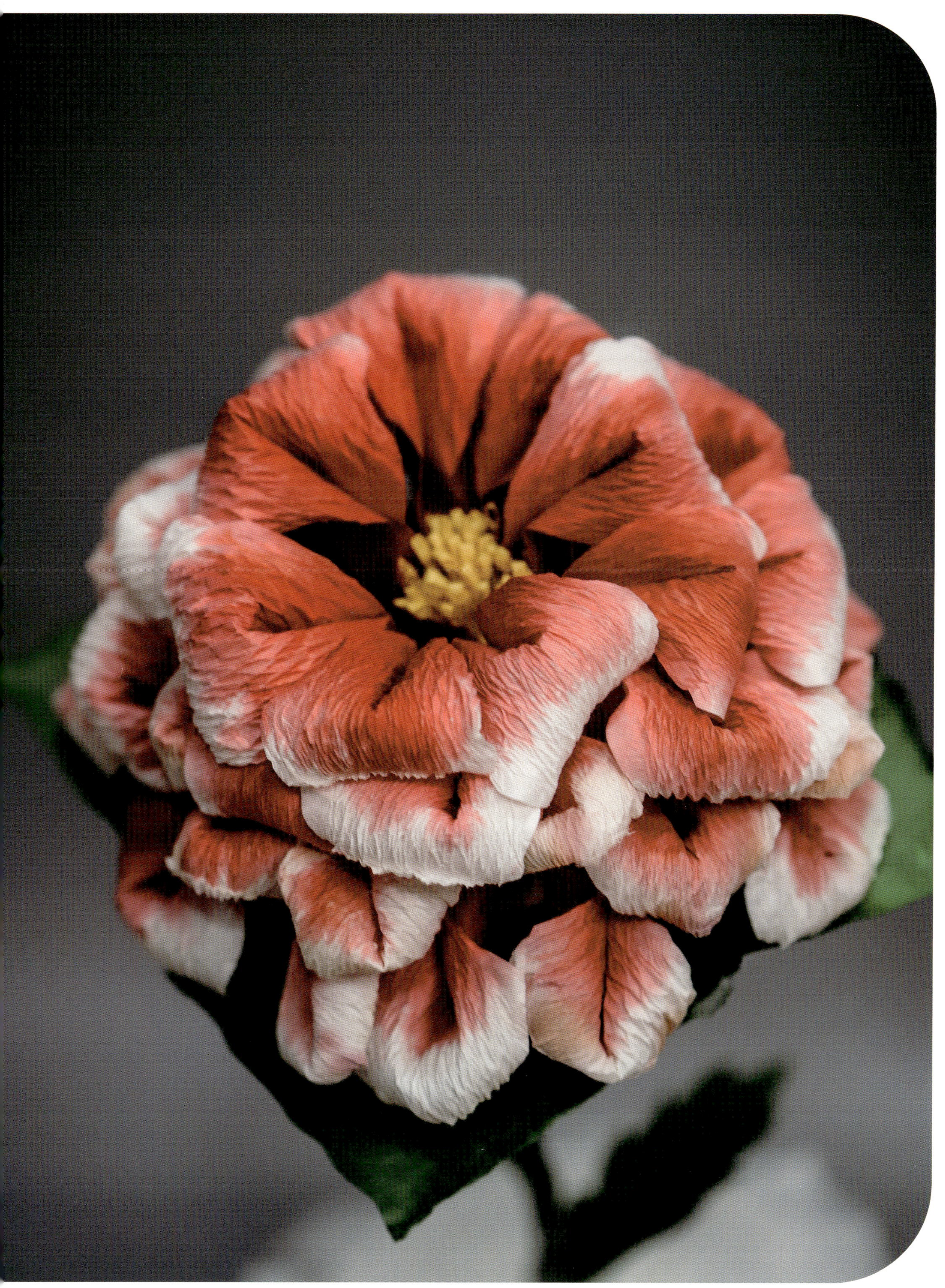

여래(如來)의 마음! 땅설법지화(紙花)

특별한 교리나 용도를 정하지 않고, 쉽게 만들어 아무 공간이나 꾸미는 꽃을 말합니다. 경전의 교리를 나타내는 꽃, 신앙의 대상을 정하고 해당 의례에 공양을 올리는 꽃, 축상과 기원의 꽃 외의 꽃으로, 잡화라고 하는데 '잡화(雜花) · 막꽃'이라 합니다.

06

공간 꾸밈을 위한 지화

고동꽃

고동꽃은 도래 뜬 종이를 나눈 후 세로로 조여서 고동과 같이 주름을 지우는 꽃입니다.

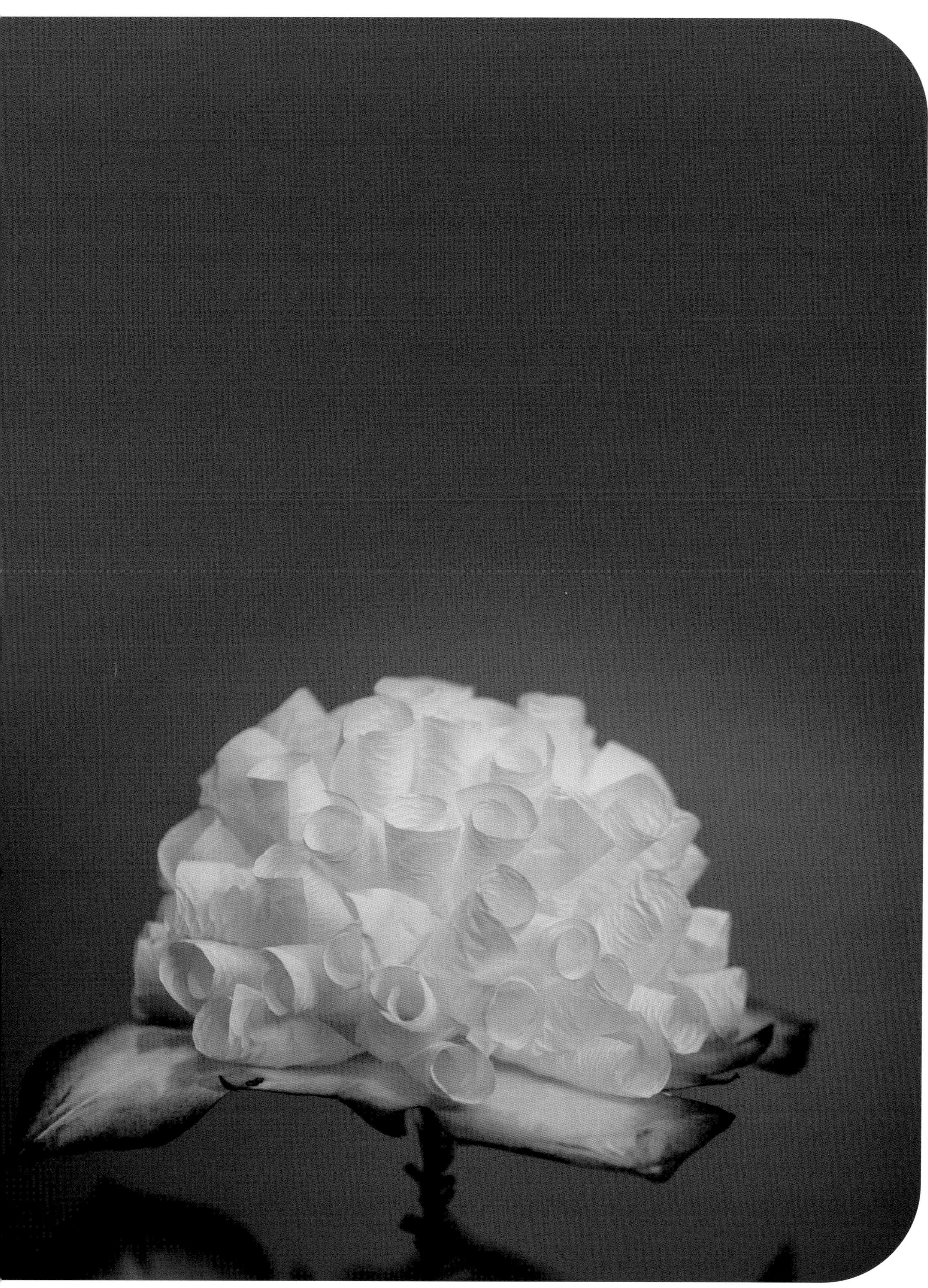

여래(如來)의 마음! 땅설법지화(紙花)

궐련화(담배꽃)

궐련화는 고동꽃과 같이 도래를 나눈 후 둥글게 말아서 실로 묶어 잠을 재운 다음 작봉하는데, 그 모습이 담배와 같다고 하여 붙인 이름입니다.

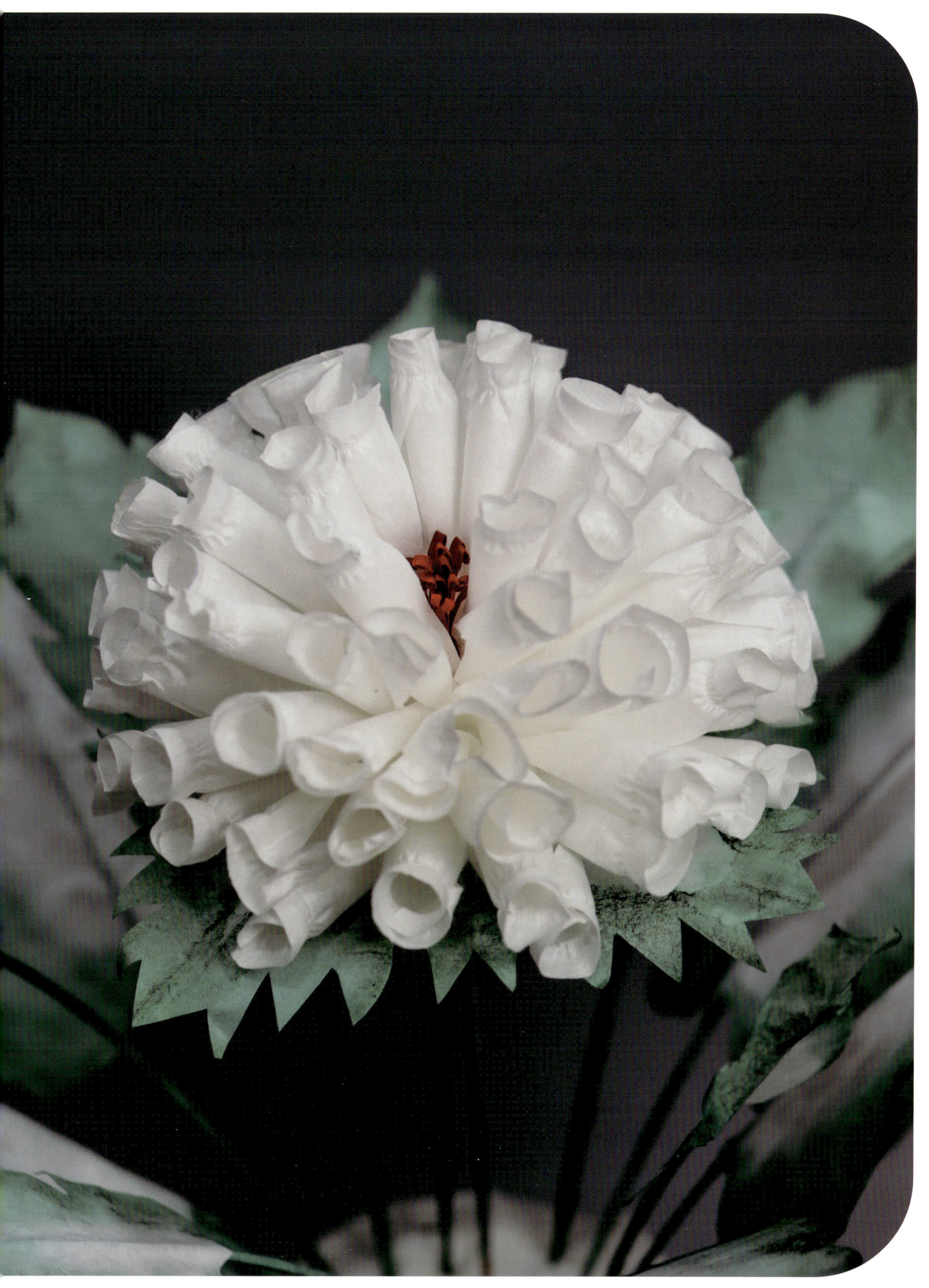

여래(如來)의 마음! 땅설법지화(紙花)

팥꽃

궐련화와 동일하게 말지만, 끝부분을 잘게 채를 써는 것이 특징입니다. 작봉 방법에는 2가지가 있습니다. 한 송이로 만드는 방법, 나뭇가지에 둘둘 말아 길게 작봉하는 방법입니다.

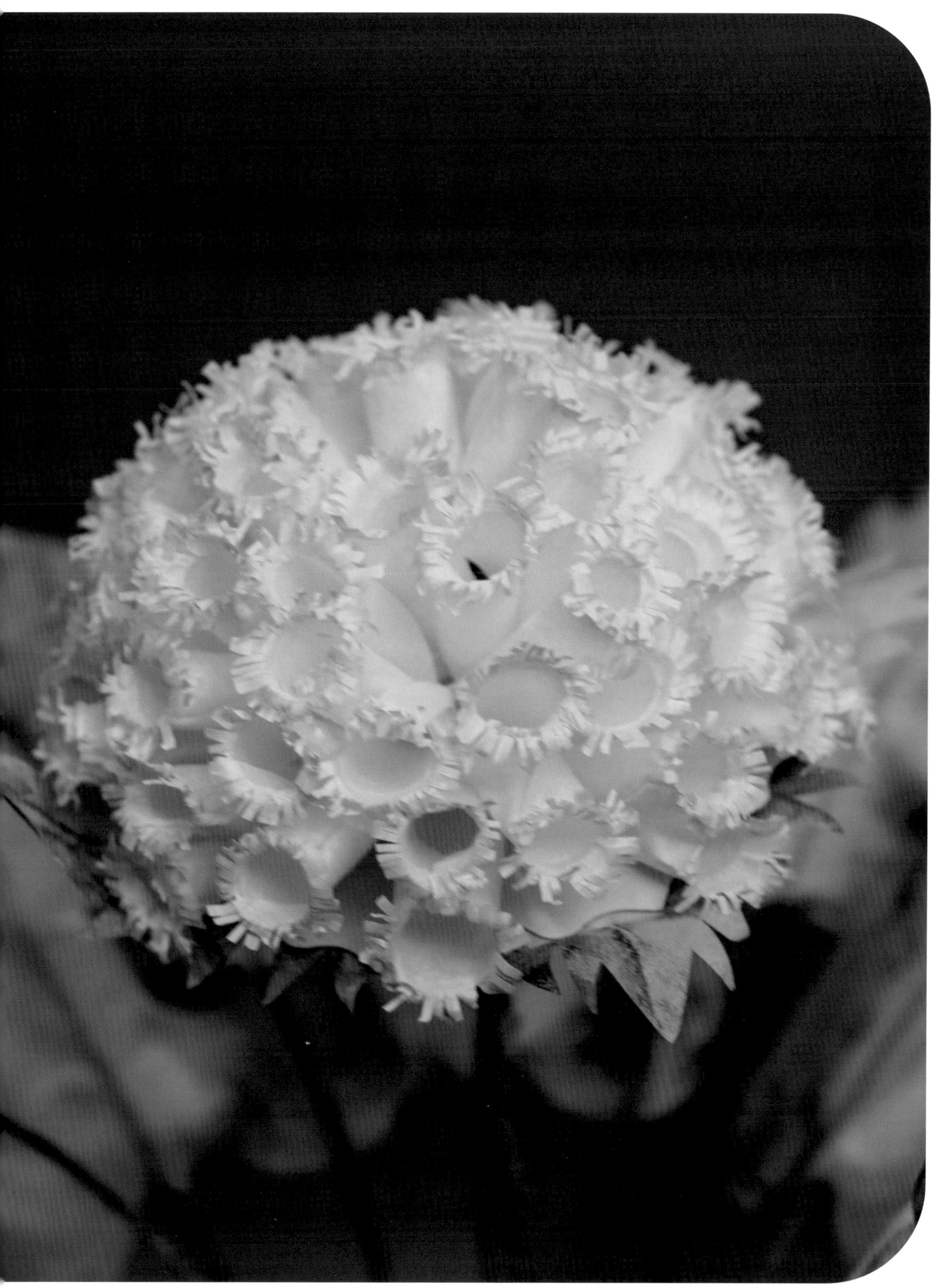

여래(如來)의 마음! 땅설법지화(紙花)

매화(梅花)

두 가지 방법으로 작봉합니다. 꽃송이 하나하나를 달리 붙이는 방법, 꽃송이를 긴 가지에 이어서 감치는 방법입니다.

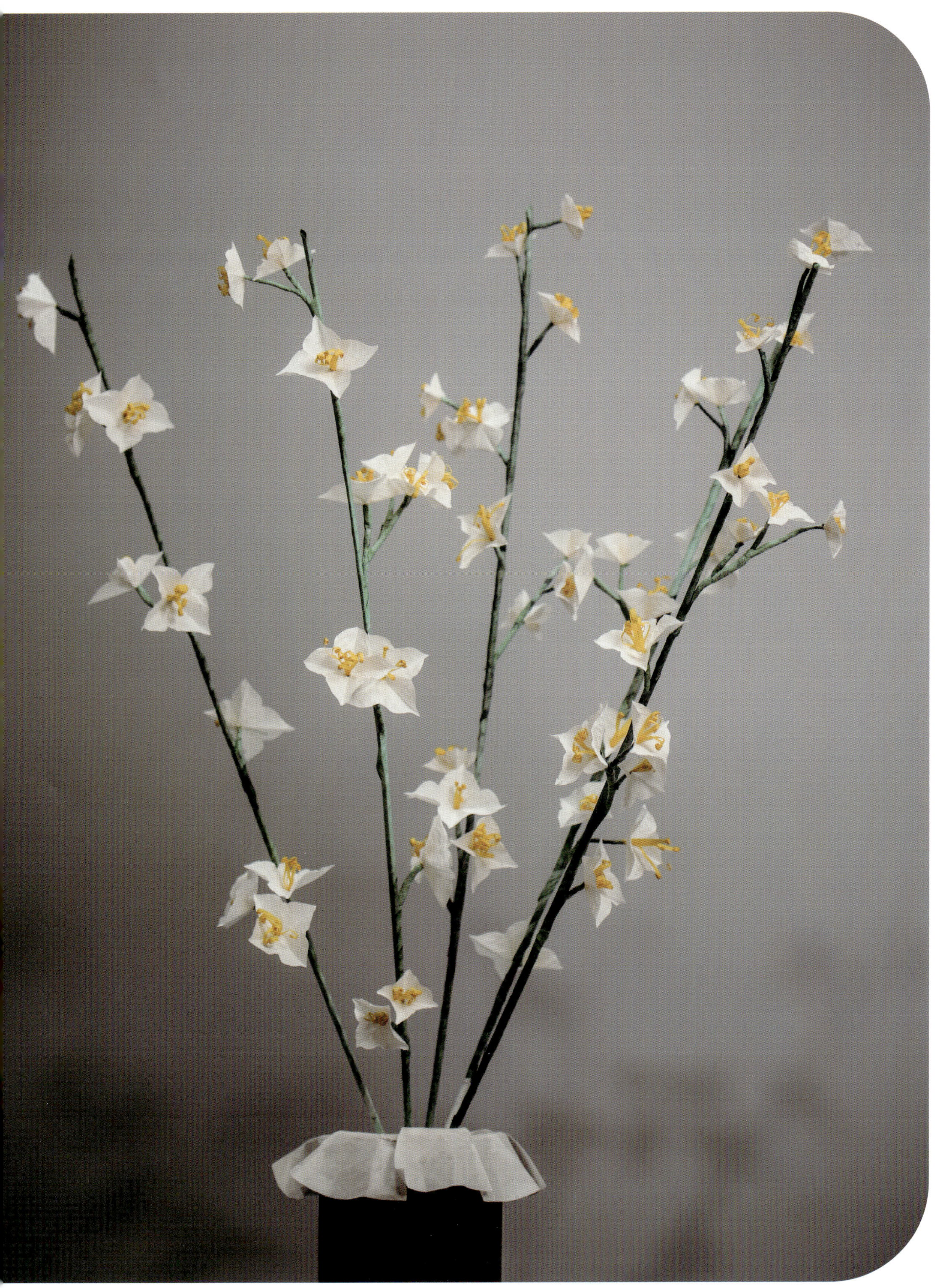

여래(如來)의 마음! 땅설법지화(紙花)

백일홍(百日紅)

백일 동안 피는 꽃이라 하여 백일홍이라 합니다. 국화의 한 종류이기도 합니다. 실제 백일홍보다 좀 더 크게 만듭니다.

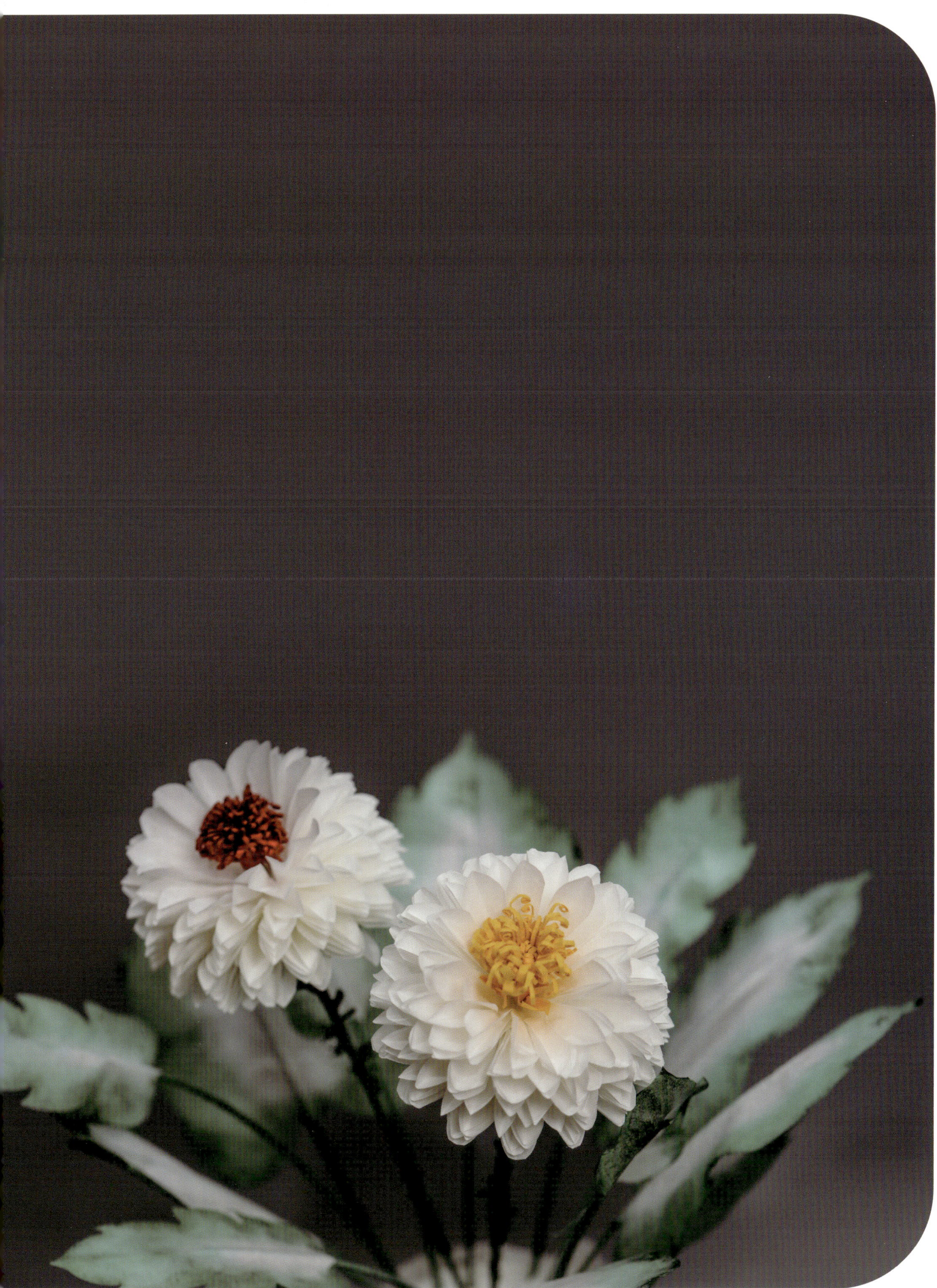

여래(如來)의 마음! 땅설법지화(紙花)

상여꽃(喪輿-)

상여에 붙이는 꽃입니다. 마을에 상이 나면 전문성 없이도 아무나 만들 수 있는 꽃이고, 지화 중에 묶어서 작봉하는 꽃입니다.

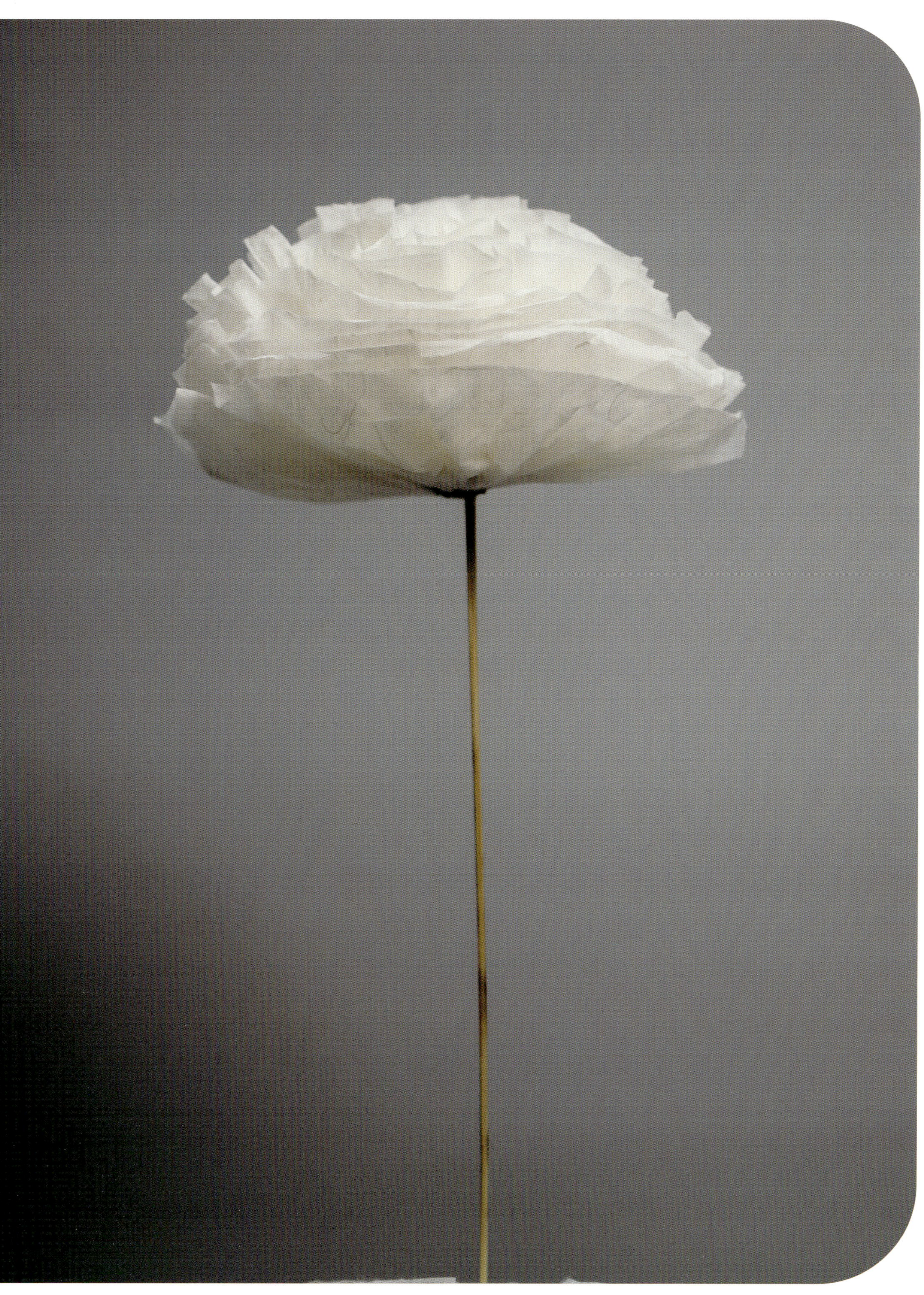

여래(如來)의 마음! 땅설법지화(紙花)

│ 박꽃

끝을 말아서 사각으로 쌓아 올리는 꽃입니다.

박꽃

끝을 말아서 사각으로 쌓아 올리는 꽃입니다.

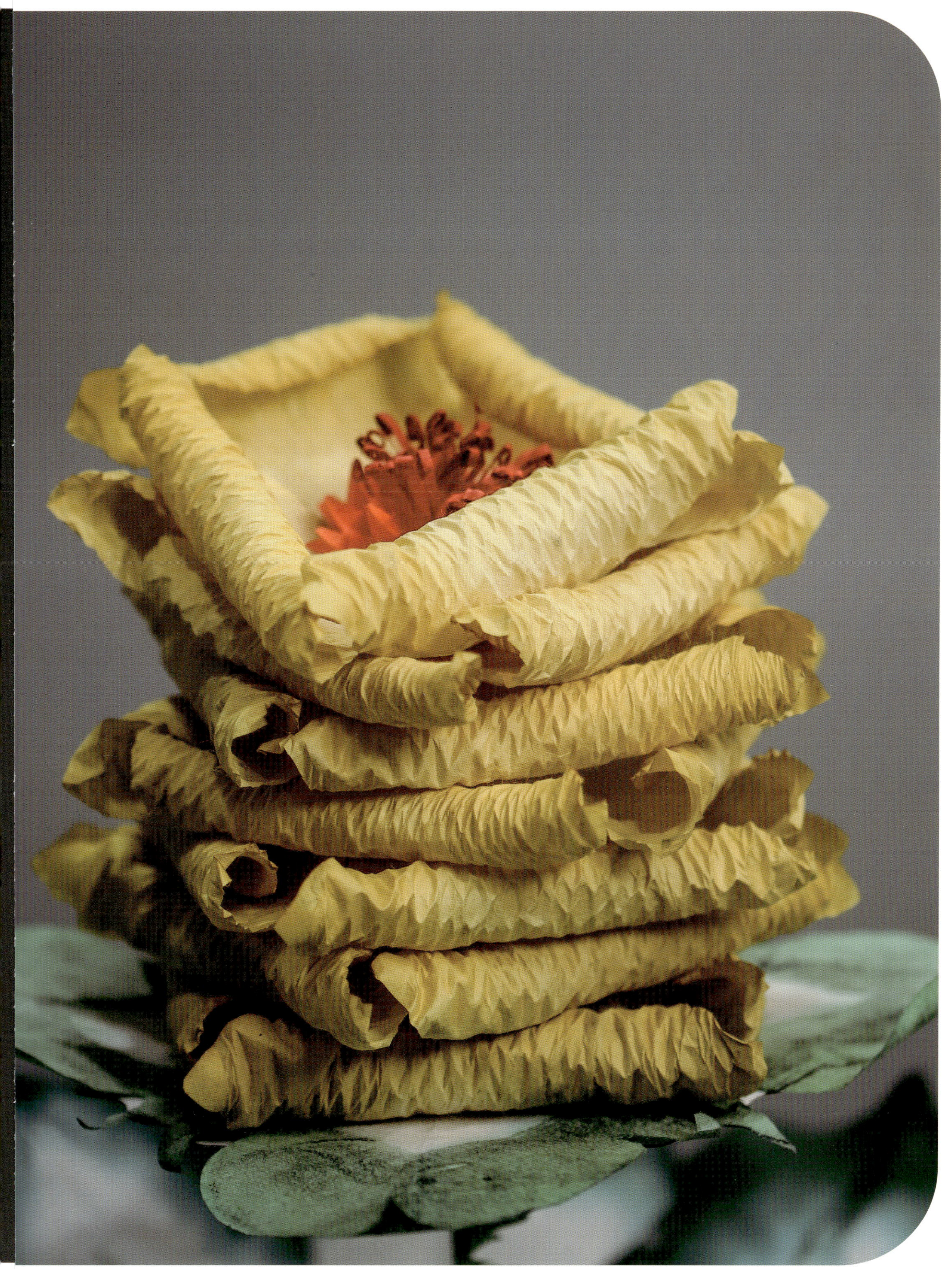

여래(如來)의 마음! 땅설법지화(紙花)

끝날림 사개화

꺾음 사개화와 동일하게 제작하되 끝부분을 옆으로 몇 번만 잘라줍니다.

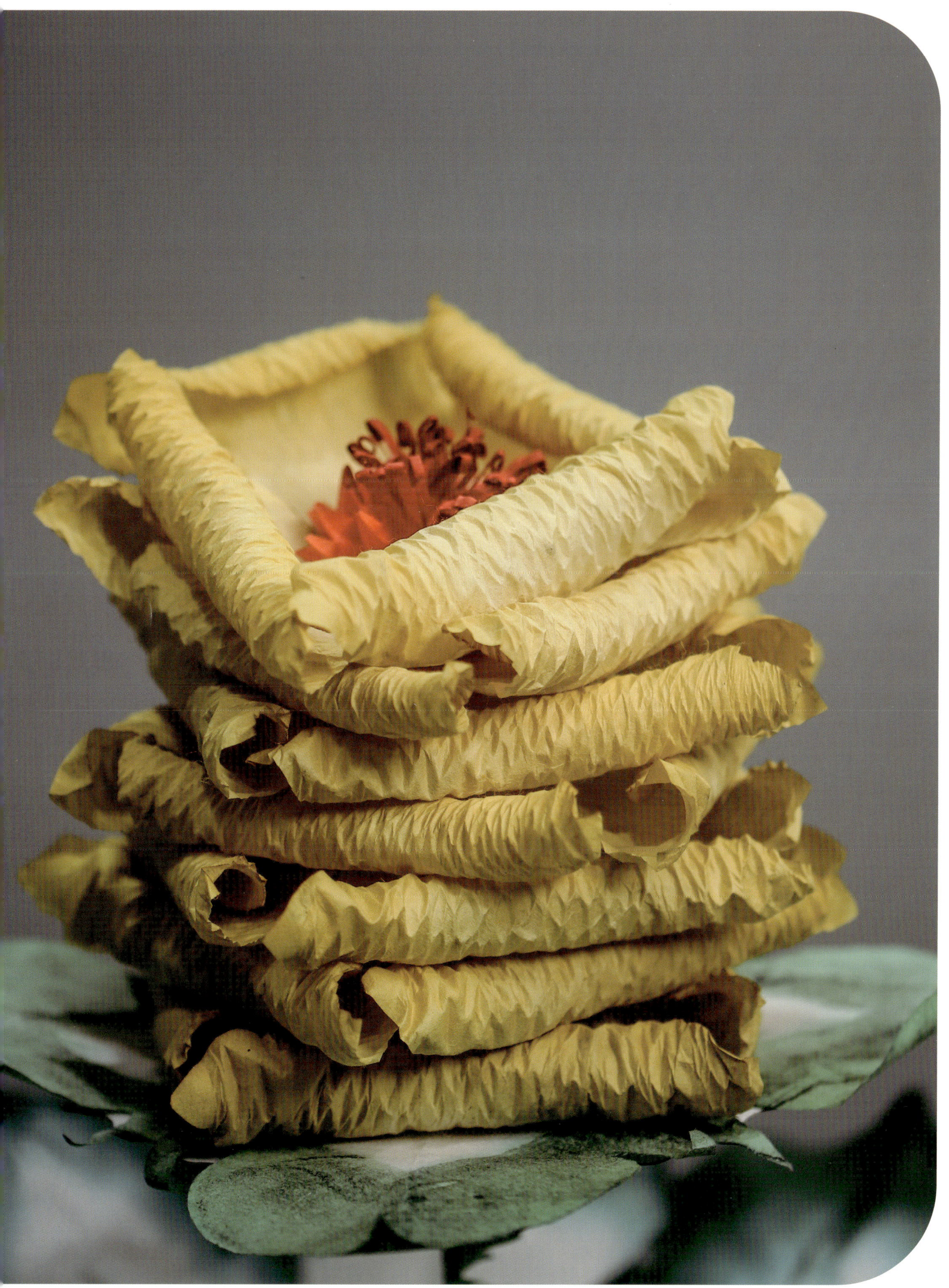

여래(如來)의 마음! 땅설법지화(紙花)

꺾음 사개화

꽃 도래를 4등분한 뒤, 한 등분을 여러 번 접어 위로 꺾음을 주어서 접힌 부분을 고정합니다. 도래 끝을 통상 잘게 썰고 꺾어서 부풀려 줍니다.

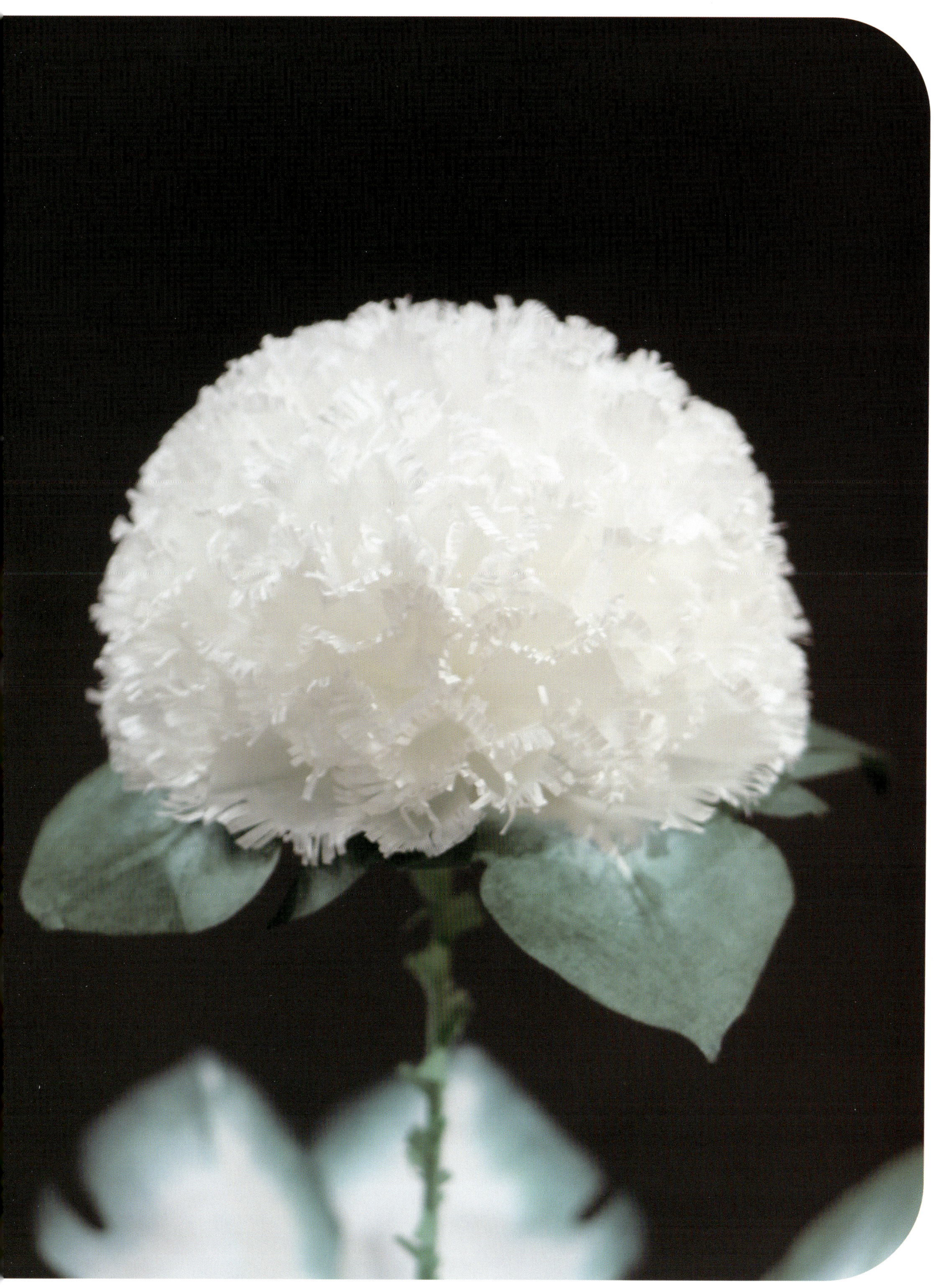

여래(如來)의 마음! 땅설법지화(紙花)

끝날림 사개화

꺾음 사개화와 동일하게 제작하되 끝부분을 옆으로 몇 번만 잘라줍니다.

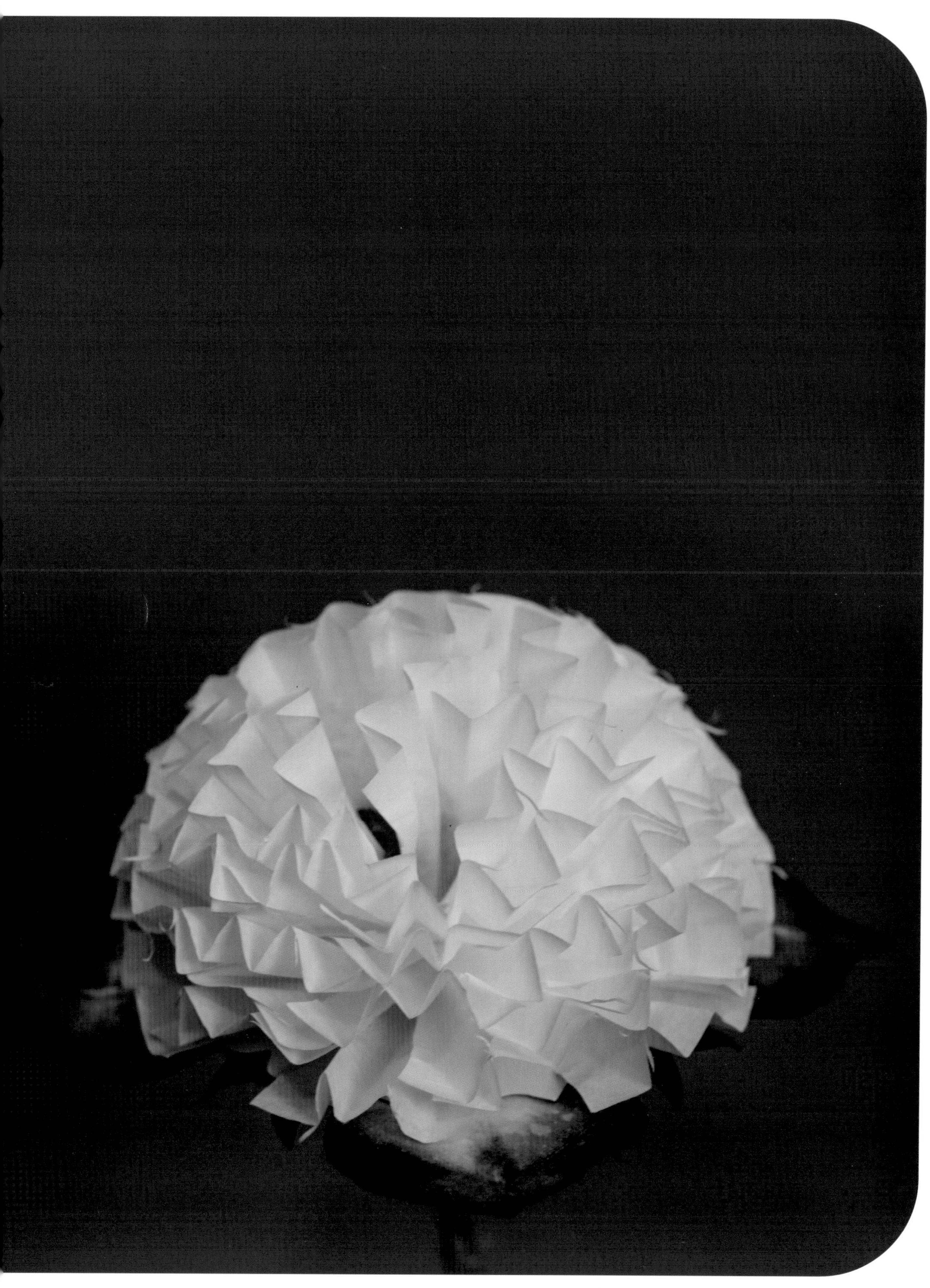

여래(如來)의 마음! 땅설법지화(紙花)

도래의 크기에 따라서 등분을 나눕니다. 통상 16개 정도로 나누고 끝부분을 뾰족하게 잘라서 모양을 냅니다.

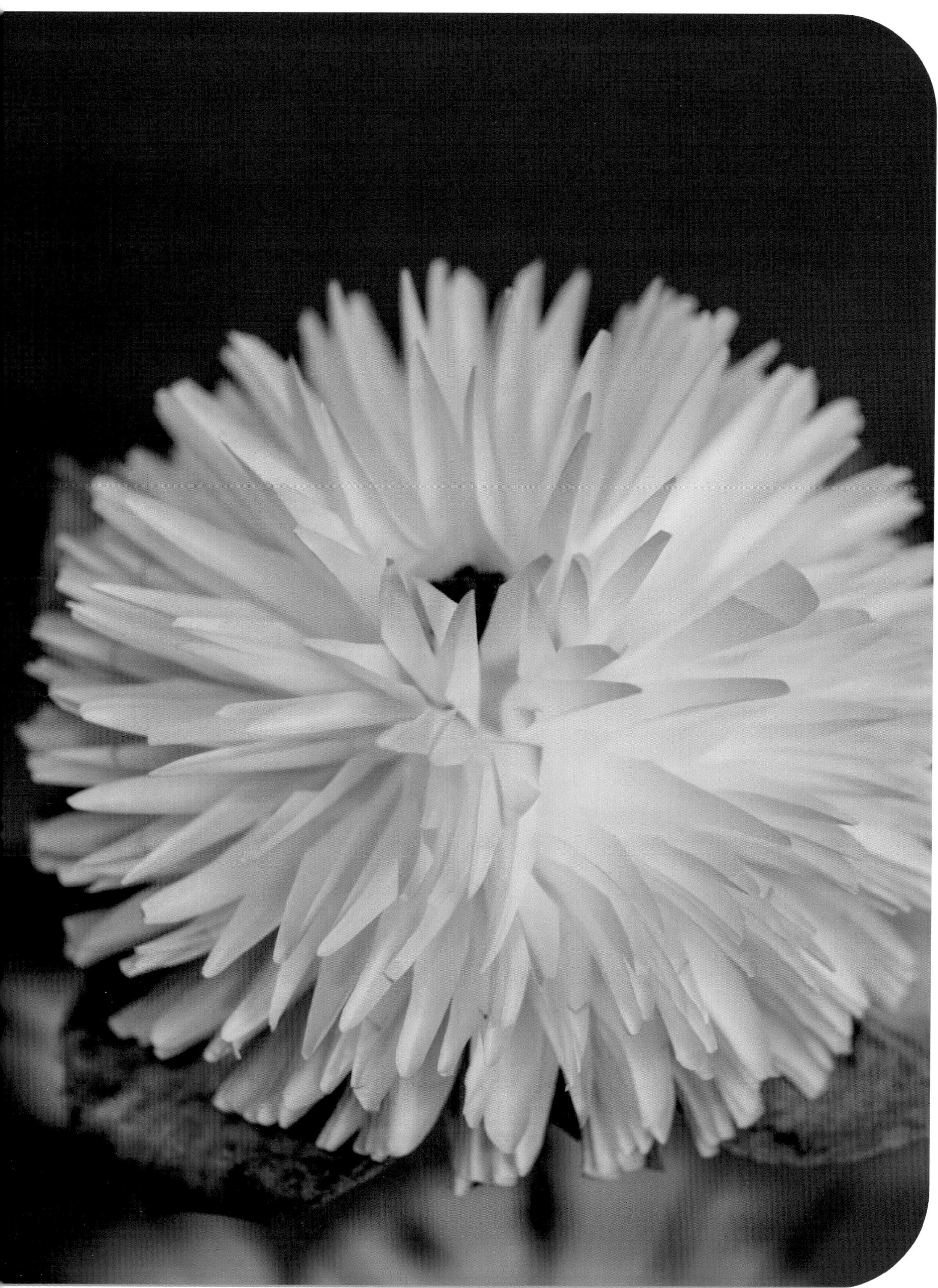

여래(如來)의 마음! 땅설법지화(紙花)

초롱꽃

옛날에 평생 종을 치고 사는 사람이 있었습니다. 그는 아버지를 대신해 전쟁에 나갔다가 다쳐서, 평생 다른 일은 하지 못하고 하루 세 차례 종만 쳤습니다. 그러던 어느 날 원님이 새로 부임하게 되었는데, 그는 종을 치지 못하도록 했습니다. 이에 종 치기 노인은 마지막 종을 친 뒤 높은 종각에서 떨어져 죽었습니다. 그다음 해 봄, 그의 무덤에서 꽃이 피어났는데 그 꽃이 바로 초롱꽃이라고 합니다.

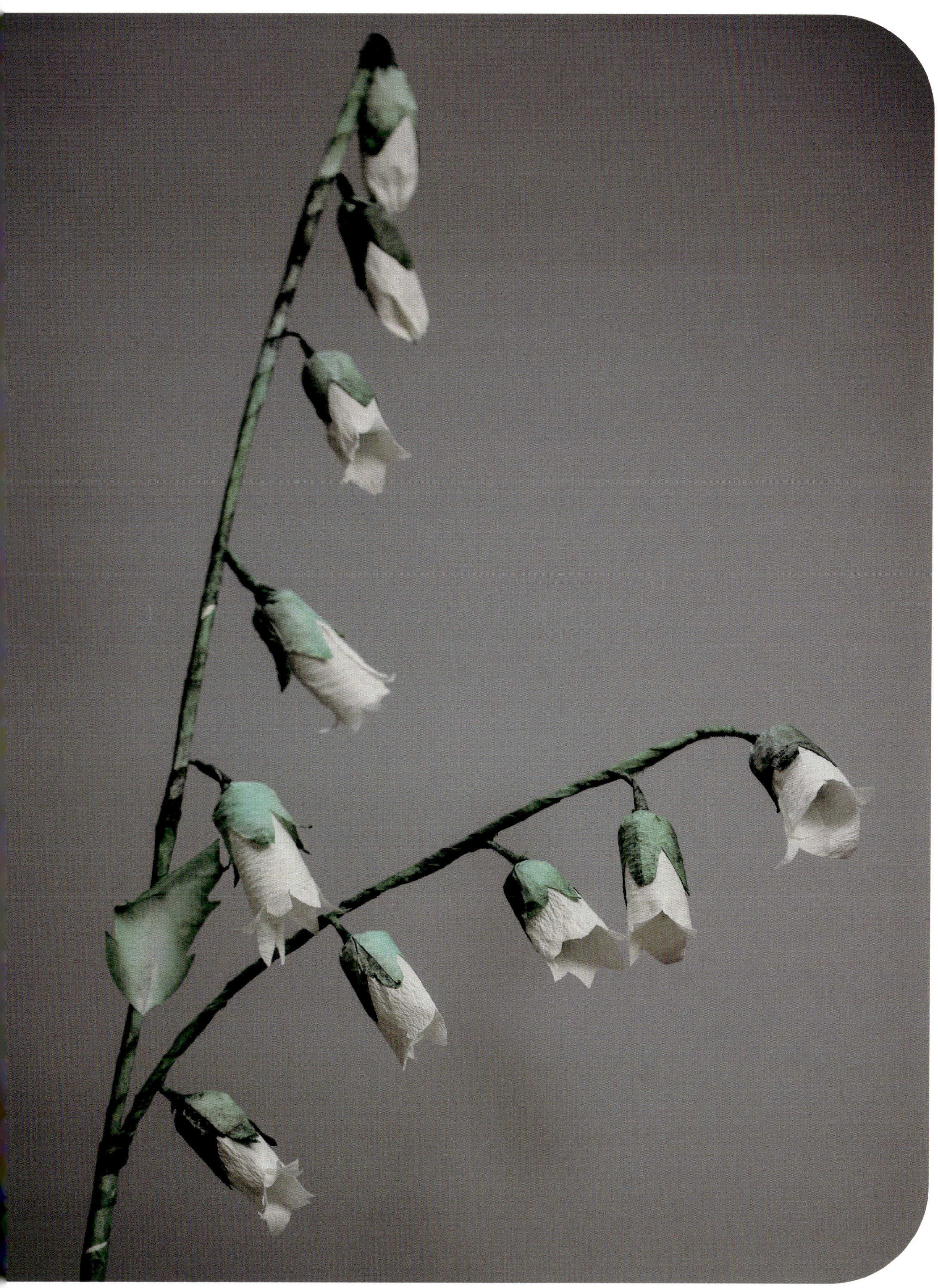

여래(如來)의 마음! 땅설법지화(紙花)

해당화(海棠花)

붉은 사개모란화와 닮았으나 끝부분을 오그라들게 만듭니다.

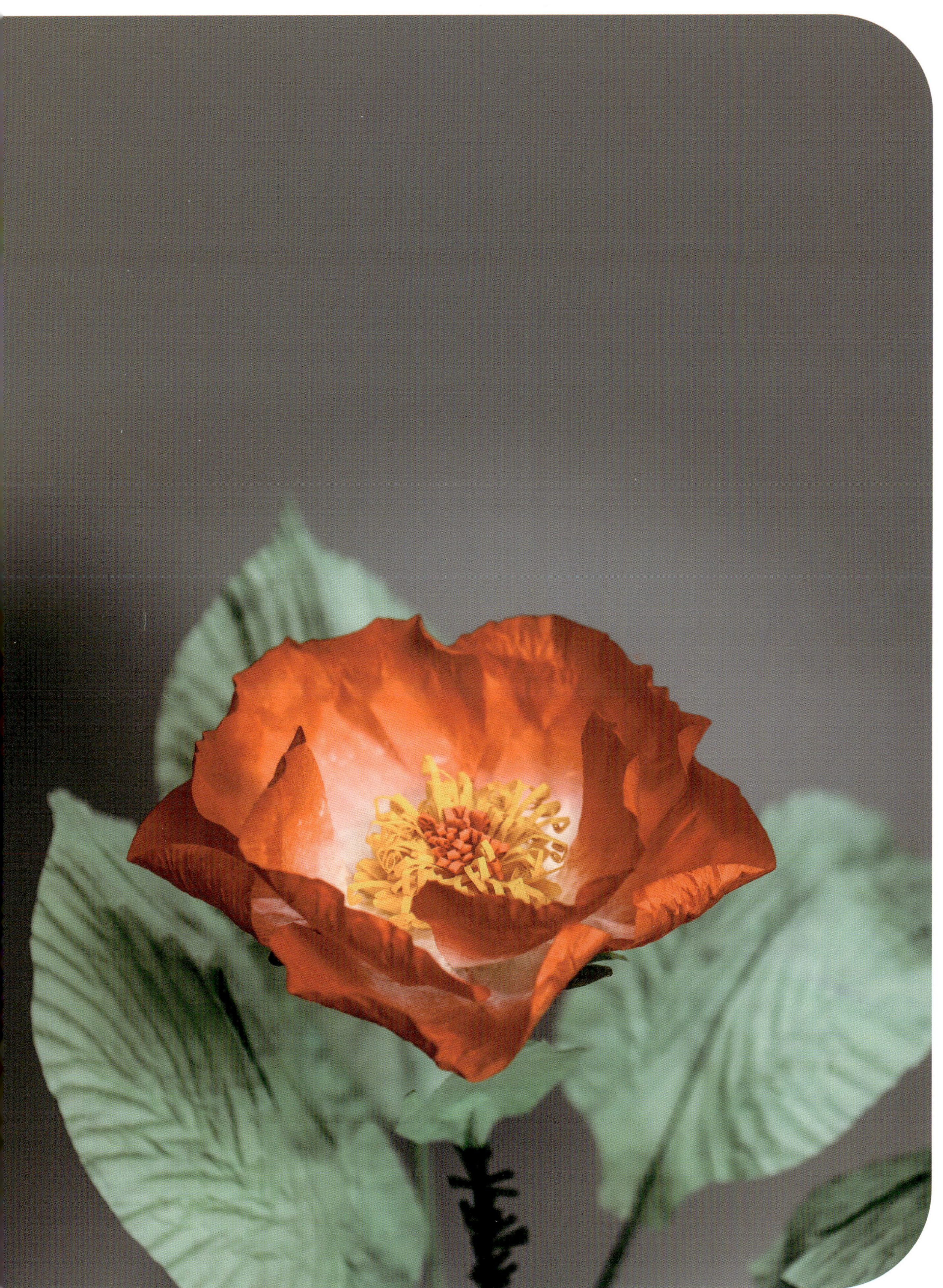

여래(如來)의 마음! 땅설법지화(紙花)

잣꽃

종이 끝 모양이 잣을 닮았다 하여 잣꽃이라 합니다.

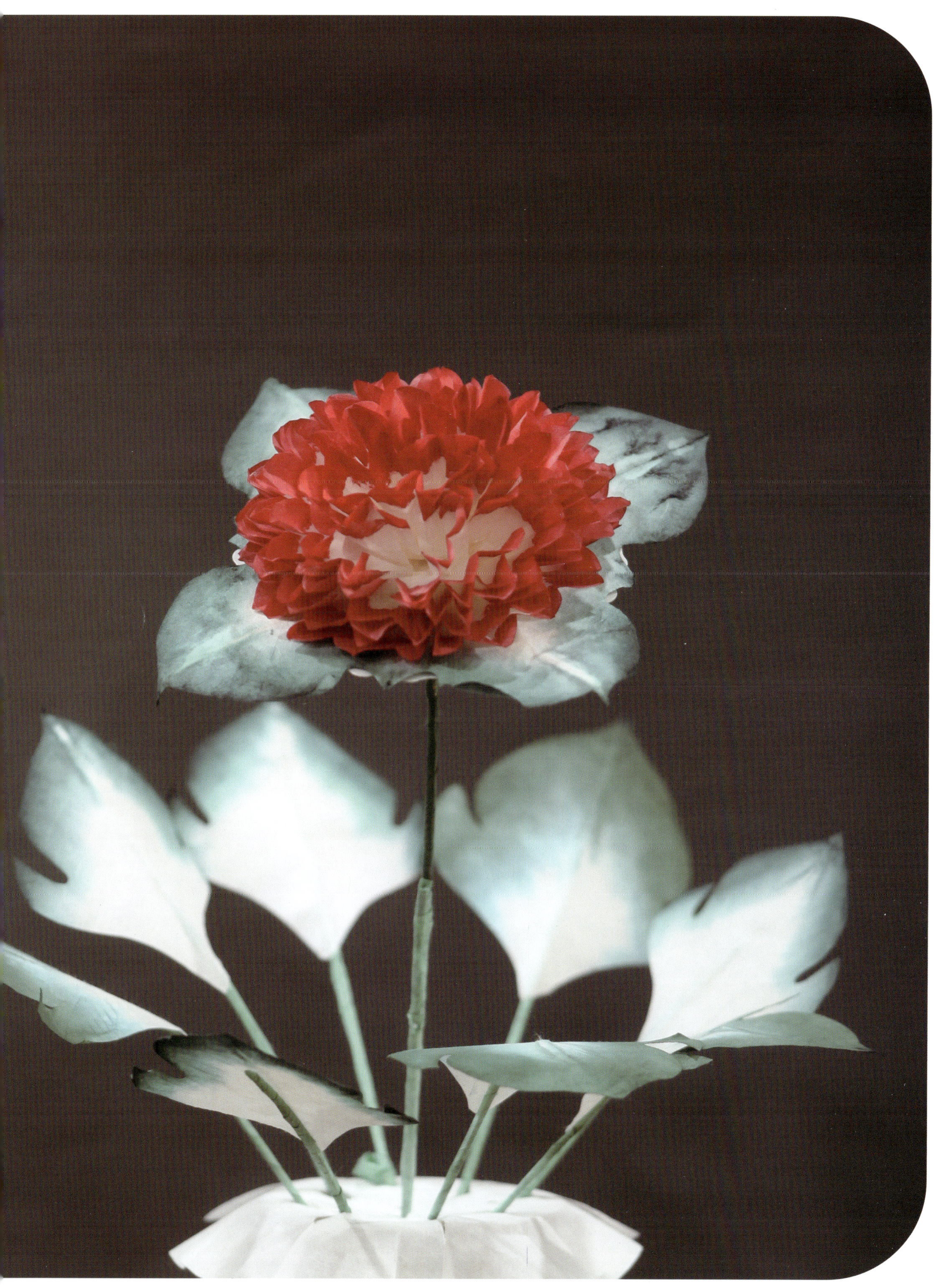

여래(如來)의 마음! 땅설법지화(紙花)

종이꽃

일명 밀짚꽃이라고도 합니다.

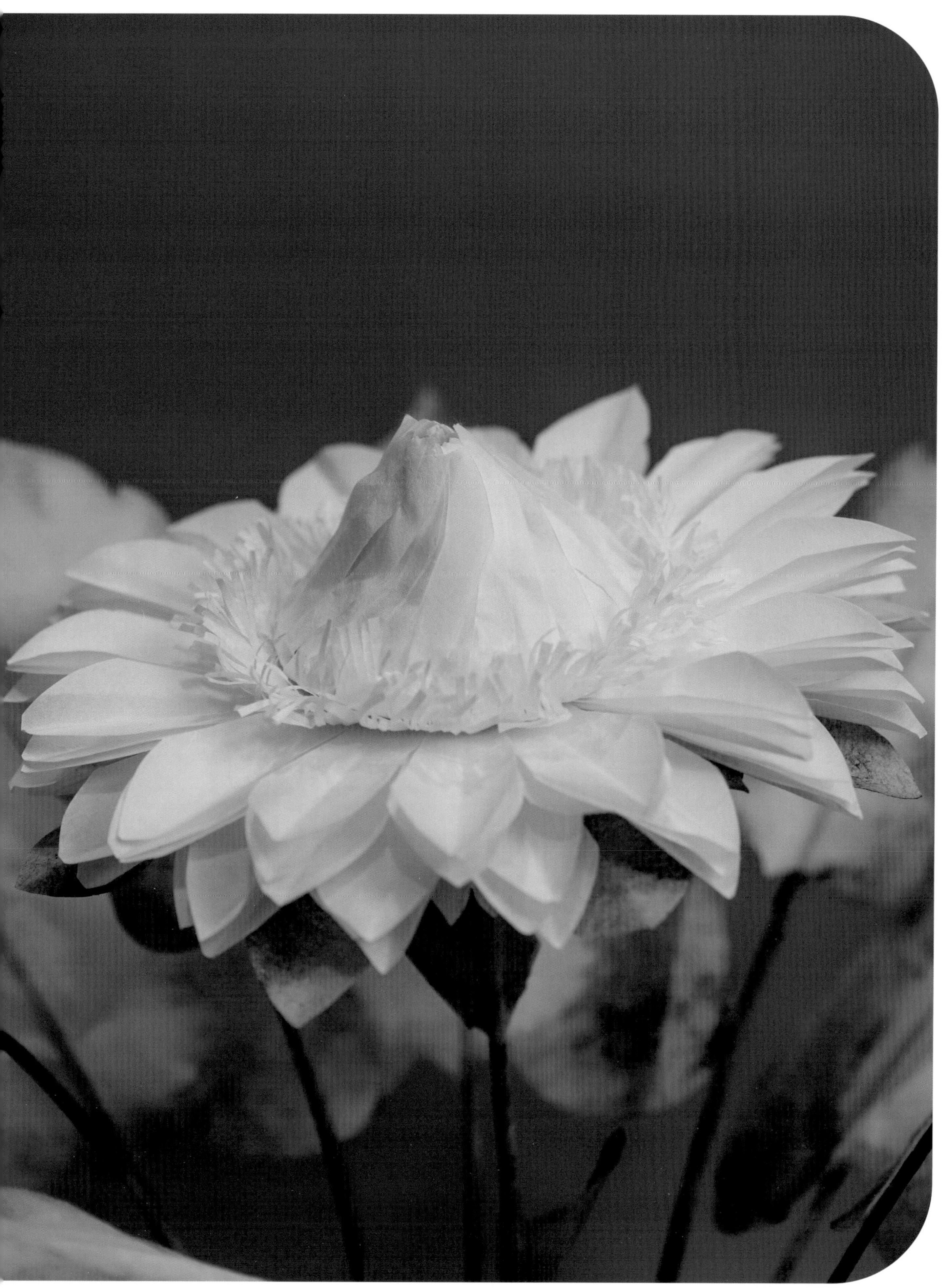

여래(如來)의 마음! 땅설법지화(紙花)

07

법회 장엄

팔길상공양(八吉祥供養)

여덟 가지 길하고 상서로운 공양물을 의미하며, 큰 불공에서 불단 앞에 올리는 공양입니다. 팔보공양(八寶供養)이라고도 합니다.

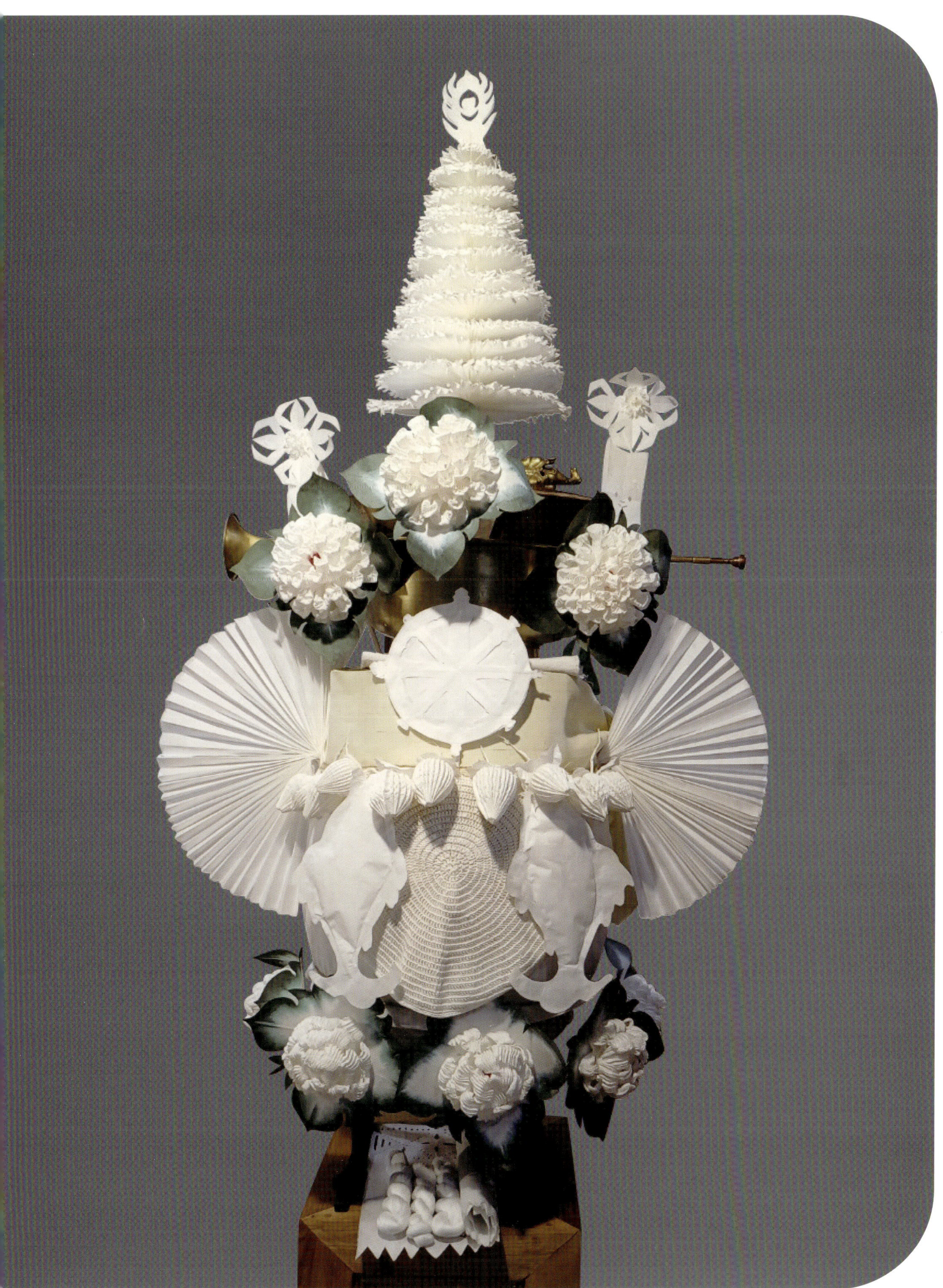

여래(如來)의 마음! 땅설법지화(紙花)

허공보탑(虛空寶塔)

『법화경』 '견보탑품'에서 허공에 보이신 칠보탑을 상징하는 장엄물입니다. 『법화경』을 사상의 축으로 하는 법회, 즉 영산작법 같은 의례에서 빠져서는 안 되는 중요한 장엄물입니다.

사성제(四聖諦)를 드러내는 사각 틀, 육바라밀(六波羅密)을 드러내는 육각 틀, 팔정도(八正道)를 나타내는 팔각 틀, 그리고 십이연기(十二緣起)의 사를 붙여서 만듭니다. 이 세 가지 형태를 잇는 통로를 가운데 만듭니다.

회삼귀일사상(會三歸一思想), 즉 사성제의 가르침으로 깨우친 성문, 십이연기로 홀로 깨달은 연각, 육바라밀로 자기와 남을 함께 깨우치는 보살의 삼승이 일승(一乘)으로 지향된다는 부처님의 가르침을 드러낸 탑입니다.

『금강정경(金剛頂經)』 '유가문수사리보살공양의궤(瑜伽文殊師利菩薩供養儀軌)'에 따르면 외사공양 보살과 내사공양 보살들이 계십니다. 이 여덟 분의 명호를 위폐에 적어서 아래에 봉안합니다. 그리고 위에는 수미산을 중심으로 태장계만다라의 팔불(八佛)의 세계를 드러내는 범어를 적어서 붙입니다.

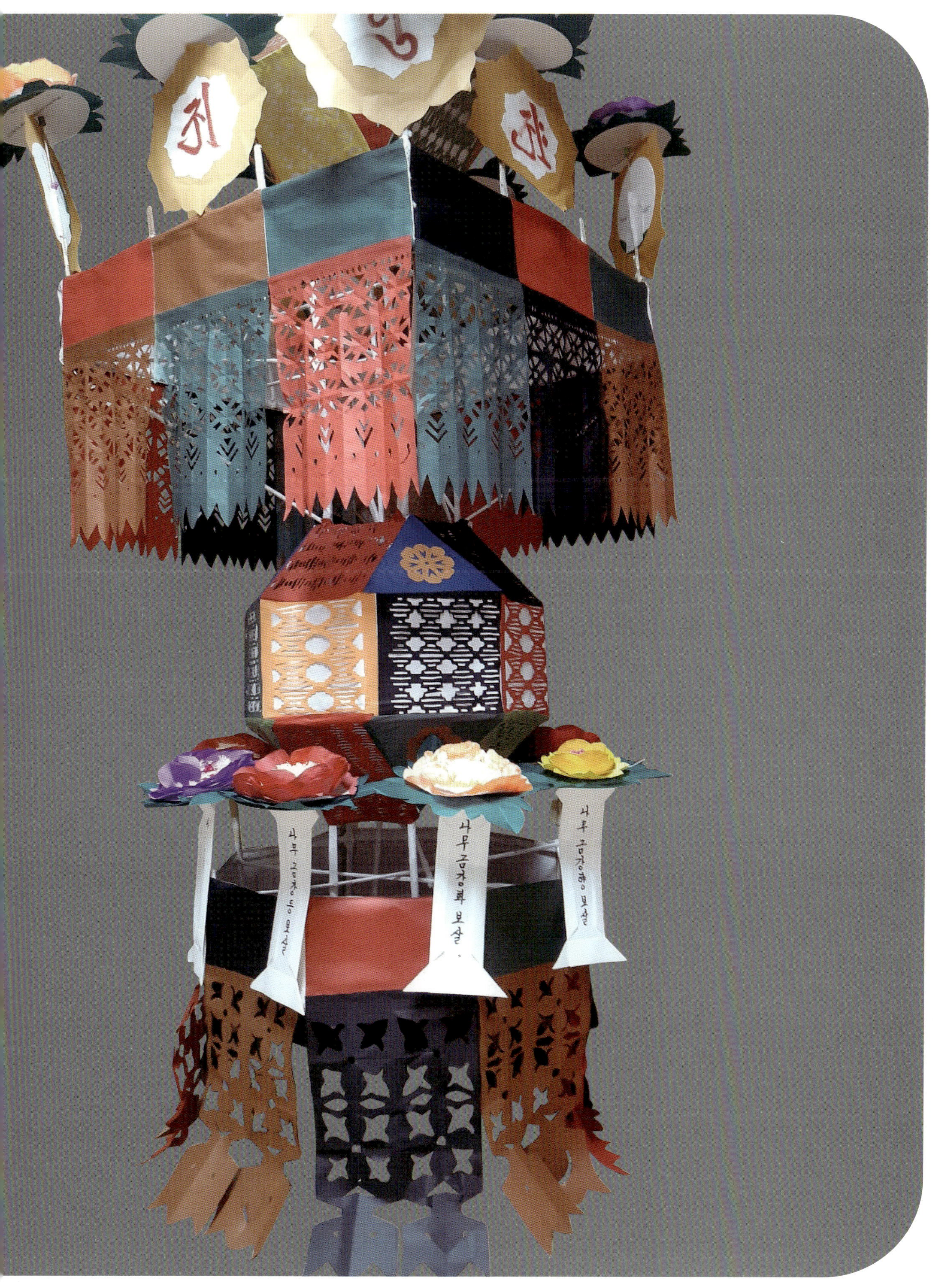

여래(如來)의 마음! 땅설법지화(紙花)

화엄보탑(華嚴寶塔)

『화엄경』의 법회 장소와 횟수, 가르침의 요지를 표현한 탑입니다. 『화엄경』 법회에서는 필수 장엄물입니다.

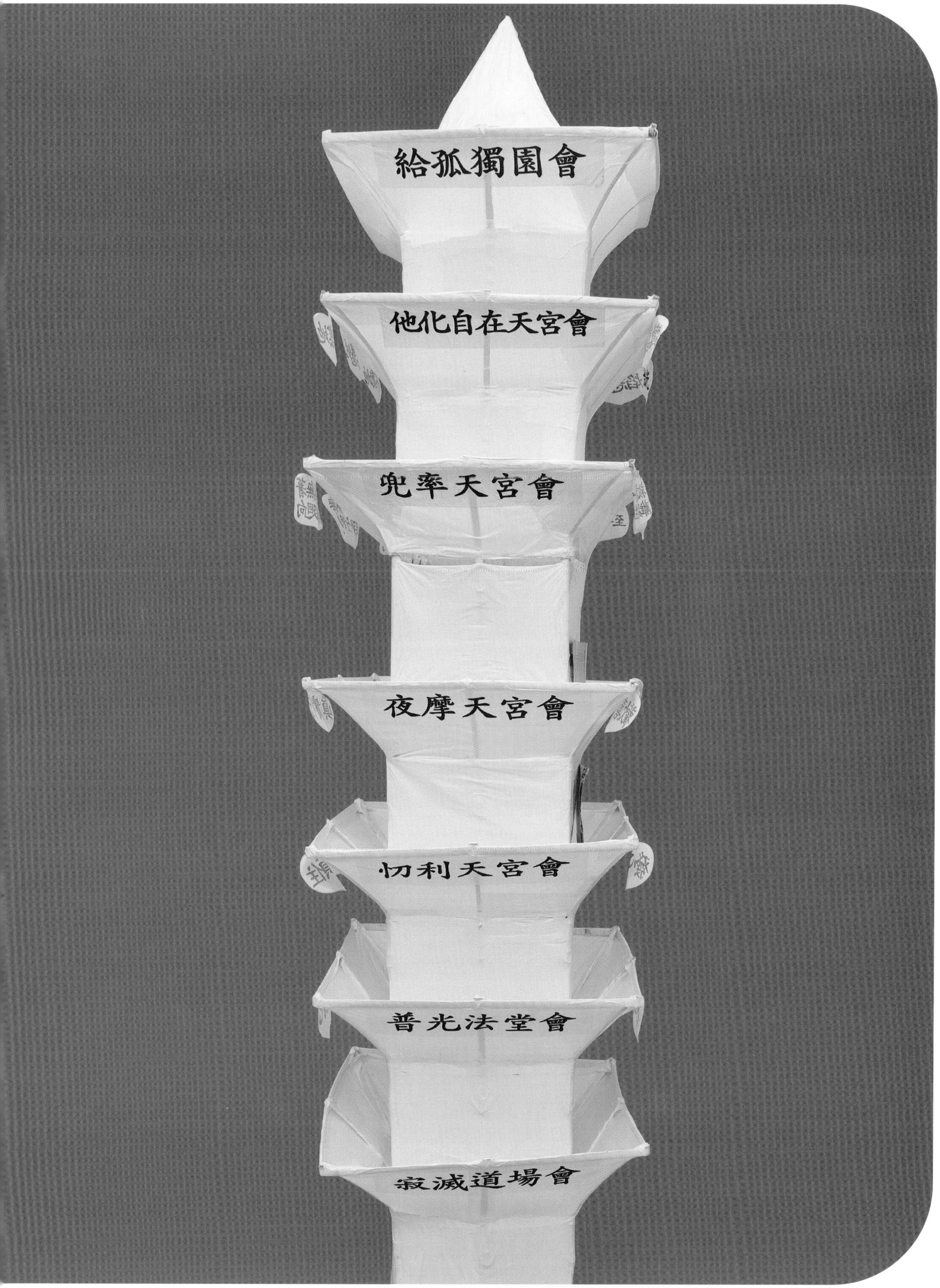

여래(如來)의 마음! 땅설법지화(紙花)

준병장엄(樽餠莊嚴)

강원도 금강산(金剛山) 유점사(楡岾寺)의 문화전통을 이어 받은 사찰에서는 상단에 공양을 올릴 때

육법공양 외에도 동복(銅鍑)에다가 떡을 고여 올리는 공양을 최고 중요하게 여겼습니다.

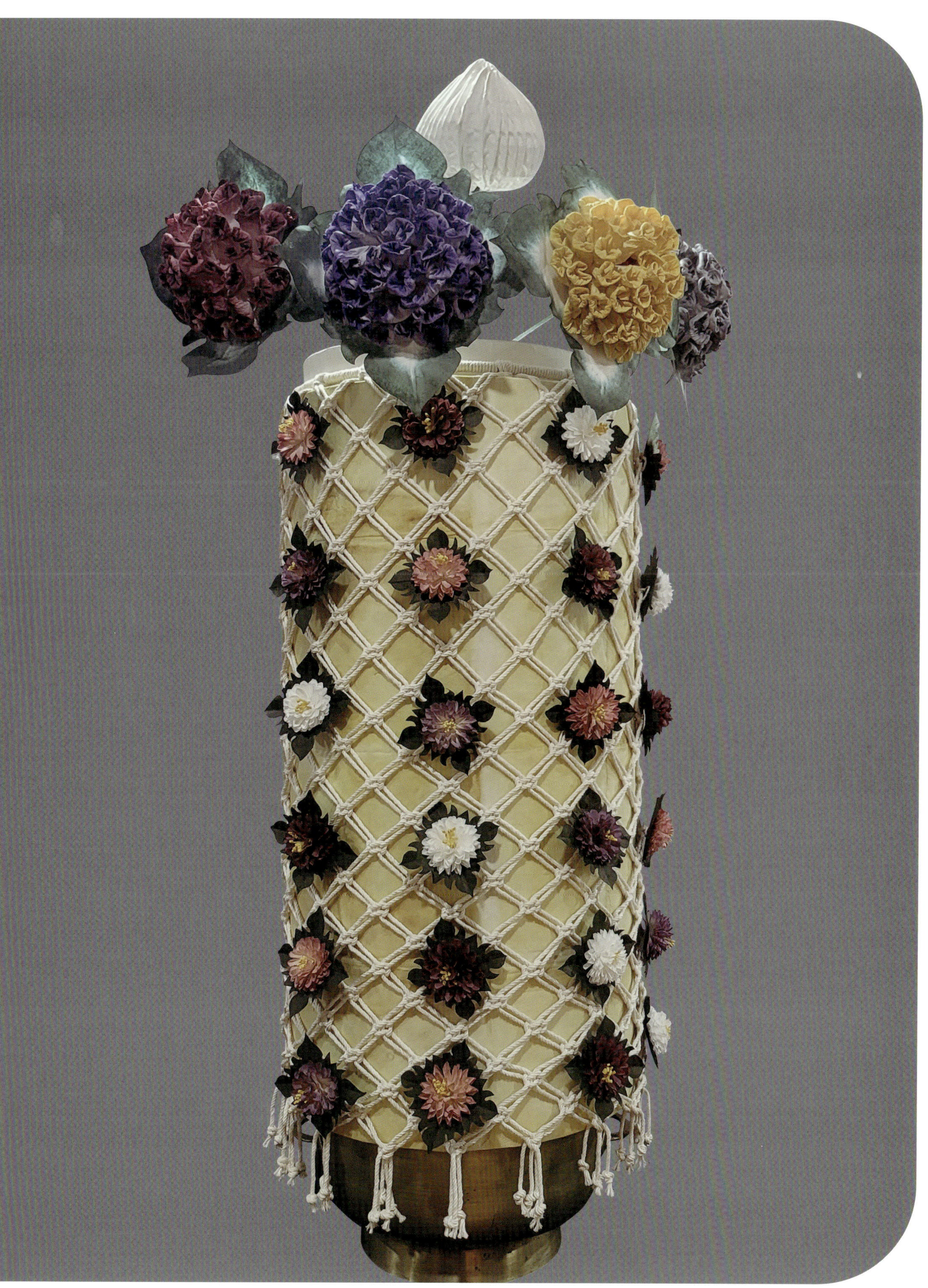

여래(如來)의 마음! 땅설법지화(紙花)

여래(如來)의 마음!
땅설법지화(紙花)

지은이 다여스님
사진 윤상병, 김형근
펴낸이 이금석
제작,마케팅 박지원
디자인최종명 impacom

펴낸 날 2024년 8월 10일
펴낸 곳 도서출판 무한
등록일1993년 4월 2일
등록번호 제3-468호
주소 서울 마포구 잔다리로9길10
전화 02)322-6144
팩스 02)325-6143
E-mail muhanbook7@naver.com
ISBN 978-89-5601-998-7 (03630)
값 49,000원

낙장 및 파본은 바꿔드립니다.